윤경애 지음

프롤로그

쫄지마, 엄마 아빠!

"이걸 지금 말해줘야 하나요?"
"샤워는 언제까지 같이 해도 괜찮을까요?"
"애가 자꾸 성기를 만져요. 어떻게 해야 하죠?"

성교육 강의를 다니다 보면, 부모들이 빠지지 않고 묻는 질문들이다. 질문은 비슷하지만, 부모의 얼굴에는 제각각의 불안이 묻어난다. 어떤 부모는 당황해서 웃으며 묻고, 어떤 부모는 진지하게 고민을 토로한다. 그러나 공통점이 있다. 바로 "정답을 찾고 싶다."는 것이다. 하지만 안타깝게도 성교육에는 정답이 없다. 몇 살까지 함께 씻는 게 맞는가? 아이가 자기 성기를 탐색할 때 어떻게 반응해야 하는가? 부모의 스킨십을 아이가 봤을 때 어떻게 해야 하는가? 이런 질문에 교과서 같은 답은 존재하지 않는다. 대신 방향이 있다.

그 방향은 바로 '부모가 성을 어떻게 바라보고 있느냐'이다. 아이의 행동을 두고 부모가 느끼는 불편함은 사실 아이의 감각 때문이 아니다. 오히려 부모 자신의 감정, 어린 시절에 배운 금기, 말하지 못했던 불안에서 비롯된다. 성교육의 시작은 그래서 '아이에게 뭐라고 말해야 하지?'가 아니라, '나는 성을 어떻게 바라보고 있는가?'라는 질문이다.

부모가 자기 점검을 시작하면, 성교육은 달라진다. 아이의 질문 앞에서 불안이 아니라 호기심으로, 부끄러움 대신 솔직함으로 대화할 수 있다. 성교육은 특별한 수업이 아니라, 일상 속에서 아이와 부모가 함께 자라는 과정이 된다.

이 책은 의학적 데이터를 줄줄이 나열하지 않는다. 이미 그런 책은 많다. 대신 이 책은 부모가 불안을 덜고, 웃으며, 아이와 일상을 살아가며 자연스럽게 성을 이야기할 수 있도록 돕는 책이다. 성교육을 더 어렵게 만드는 지식이 아니라, 성교육을 덜 무섭게 만들어주는 시선이 담겨 있다.

나는 성교육 전문 강사로 오래 활동해 왔지만, 사실 이 책은 전문가로서의 매뉴얼이 아니다. 부모이자 교육자로서 아이들과 함께하며 얻은 웃음과 깨달음, 그리고 수많은 부모들과 나눈 공감의 순간들을 담은 기록이다. 그래서 이 책은 '완벽한 정답집'이 아니라 '작은 손전등'

이다. 길을 밝혀주되, 부모 스스로 걸어가도록 돕는 빛이다.

성교육은 결국 완벽하지 않아도 된다. 육아가 늘 그렇듯, 허둥대도 되고, 실수해도 괜찮다. 중요한 건 두려움에 멈추지 않고 아이와 마주 앉아 대화하는 것이다. 부모가 편안해질 때 아이도 편안해진다. 아이가 자라며 성을 배우는 시간은 부모가 자라며 성을 다시 배우는 시간이기도 하다.

이 책은 그 여정의 동반자이고 싶다. 아이의 질문 앞에서 당황하는 대신 미소 지을 수 있도록, 부모의 불안을 아이에게 넘기지 않도록, 그리고 무엇보다 성교육을 '유쾌하게' 함께 걸어갈 수 있도록.

쫄지마, 엄마 아빠.
웃으면서, 조금 덜 불안하게.

프롤로그

─── 01장 ───

성에 쫄지 않는 부모 되기: 태도와 가치 점검
성교육의 시작은 정보가 아니라 '태도'에서

- 나도 성교육 못 받았는데요 14
- 성이라는 단어에 부모가 쪼그라드는 이유 18
- 성교육 전에 먼저 점검해보세요—부모 성감수성 셀프테스트 22
- 엄마 아빠가 그걸 했다고요? 26
- 괜찮아, 우리 집은 자연스러워 31
- 맞벌이라 놓치는 게 많아요 35
- 한부모 가정에서 시작하는 자연스럽고 건강한 성교육 39
- 성 질문—아이보다 먼저 부모가 나눠야 44

―――― 02장 ――――

우리 아이의 몸과 감각: 발달과 호기심 이해하기

'왜 이러지?'가 아니라 '아, 이런 시기구나'

영아는 편견 없이 대상을 만진다 50
노출과 관찰, 그 본능에 대하여 53
화장실 따라가기 놀이 59
똥은 성교육의 시작 62
왜 소중하냐고? 그건 말이지… 65
유아의 가슴 집착, 따뜻하게 멈추기 68
유아자위: 그 손을 혼내지 마세요 71
같이 놀고 싶은데 자꾸 만져요: 경계교육 76
아빠랑 같이 씻고 싶어요 81
감각을 인정받은 아이, 성에 쫄지 않는다 86

―――― 03장 ――――

말보다 감각: 부모와 아이의 일상 대화

성은 가르치는 게 아니라, 함께 경험하며 나누는 것

아이 질문에 당황한 당신에게 필요한 한마디 92
왜 하면 안 돼? 사회적 약속 가르치기 96
아빠처럼 쉬하고 싶어요 99
남자인데 왜 치마를 입었지? 102
OO이랑 결혼할 거야! 106
이름을 알아야 지킬 수 있다 110
동생은 생겼지만 너의 자리는 그대로야 113
아이가 부모의 성행위를 목격했을 때 119
자기 몸을 사랑하게 도와주는 부모의 언어 5가지 124

―――――――― 04장 ――――――――

관계 속에서 배우는 성, 위기에도 지켜내는 존중

일상 속 성 감수성에서 위기 대처까지

비밀이야, 엄마한테도 말하지 마 130
예의보다 안전: 경계교육 136
뽀뽀는 싫은데, 인사는 해야 해? 140
아이와 함께 배우는 미디어 선별 놀이 146
올리기 전에 물어봤나요? 150
핑크색을 좋아하면 안 되는 이유는 없잖아 155
성으로 웃기는 문화 158
얘가 내 고추 만졌어요! 161
처벌보다 회복 165
성폭력 대응 169

―――――――― 부록 ――――――――

영아기부터 아동기까지 성 개념 발달단계 175
현장에서 자주 나타나는 성 문제 10, 부모의 빠른 대처 가이드 191
영유아 부모 질문 30 체크리스트 195
부모와 함께 하는 성교육용 놀이 199
초등 입학 전 성교육 체크리스트 215

01장

성에 쫄지 않는 부모 되기
: 태도와 가치 점검

영유아 부모를 위한 쫄지마 성교육

01장
성에 쫄지 않는 부모 되기

성교육의 시작은 정보가 아니라 '태도'에서

나도 성교육 못 받았는데요
– 부모가 먼저 풀어야 할 세 가지 질문

어릴 적, 학교에서 성교육이라고 해주던 시간이 있었다. 교련 시간이었다. 지금은 아는 사람보다 모르는 사람이 더 많을, 그 옛날의 '성교육 시간'. 그날, 선생님은 아무 말도 없이 커다란 TV를 교실 앞에 두고 아기를 낳는 영상을 틀어주셨다. 태아의 머리가 산모의 질을 통해 굉장히 고통스럽게 나오는 과정의 리얼한 영상이었다. 다들 숨을 죽이고 봤다. 나도 그랬다. 그리고 마음속으로 단단히 다짐했다.

"나는 절대 애 안 낳는다."

내가 처음 접한 '공식적인 성교육'이었다. 충격과 두려움, 설명 없는 영상. 그게 다였다. 그토록 우리 시대의 성교육은 무지했고, 어설펐고, 무엇보다 '쫄게' 만들었다.

요즘은 세상이 많이 바뀌었다. 성에 대해 이야기하는 콘텐츠도 넘쳐 나고, 성교육 자료도 많아졌다. 그런데 이상하게, 성 이야기를 꺼내는 순간 분위기는 예전 그대로다. 부모들은 여전히 "그걸 어떻게 말해줘요…" "아직 너무 어린데요…" 하고 주춤한다.

나의 강의 중 가장 신청이 많은 주제가 성교육이다. 관심이 많다는 뜻이기도 하지만, 그만큼 어렵다는 뜻이기도 하다. 성에 대해 자연스럽게 말해본 경험이 없으니 아이에게 뭐라고 답해야 할지 막막한 것이다. 우리 세대가 자라면서 집 안에서 들은 성 이야기를 떠올려보자. 거의 없다. 있더라도 "그런 말 하면 혼난다." 정도였을 것이다.

아이들은 지금 학교에서도, 유튜브에서도, 책에서도 충분히 성에 대한 정보를 얻고 있다. 하지만 가정 안에서 자연스럽고 건강한 성의 분위기는 여전히 잘 만들어지지 않는다. 이건 단지 성에 대한 지식 부족 때문만은 아니다. 아래의 3가지를 점검해 보자.

우선, 부모와 아이 사이에 소통이 자유로운가?

감정이 오가고, 궁금함을 표현할 수 있는 분위기인가. 눈치 없이 웃긴 말도 해볼 수 있고, 대답이 어설퍼도 비난받지 않는 관계인가. 이게 안 되어 있으면, 아무리 성교육을 잘해도 아이는 입을 닫는다.

둘째, 아이의 발달단계를 알고 있는가?

지금 내 아이는 어떤 발달 특성 안에 있고, 왜 그런 질문을 하고, 왜 그런 행동을 하는지에 대한 기본적인 이해. '왜 저래?'가 아니라 '지금은 그럴 때구나'라고 받아들일 수 있는 부모가 되어야 한다.

그리고 셋째, 성이라는 개념을 어떻게 이해하고 있는가?

성은 단순히 신체 기관이 아니라 감정, 관계, 권리, 책임이 복합적으로 얽힌 주제다. 이걸 아는 부모와 모르는 부모 사이에는 단어 선택도, 반응도, 아이의 성장을 바라보는 시선도 다르다.

소통이 막히고, 발달을 모르고, 성의 의미를 좁게만 이해하면 결국 아이는 성에 대해 '배워도 되는 분위기'가 아니라고 느낀다. 그리고 그 빈틈은 엉뚱한 방식으로 채워진다. 친구들의 말장난, 영상 속 자극적인 정보, 그리고 뭔지 모르게 '하면 안 되는 것 같은' 성 의식.

지금도 계속 쪼그라들고만 있는 건 아니다. 나 역시 그 시절엔 쫄았지만, 부모가 된 지금은 그때의 나와는 다른 식으로 아이와 마주하고 있다. 우리 집에서는 신체의 변화도, 관계 속의 성 이야깃거리도 자연스럽게 오간다. "왜 그런 말 해?"가 아니라 "그게 궁금했구나"로 시작하고, 혼내는 대신 함께 생각해 보는 방식으로 바꾸었다.

내가 배우지 못했어도, 내 감정이 무지했고 서툴렀어도, 부모의 의식이 바뀌면 가능하다는 것을 대화를 통해 경험하고 있다. 성교육은 따로 떼어놓은 수업이 아니라 '삶 속에서 스며드는 방식으로 다시 써야 할 관계의 언어'이다. 그리고 그 언어는, 지금 이 자리에서부터 충분히 다시 배울 수 있다.

'성'이라는 단어에 부모가 쪼그라드는 이유
- 아이의 성과 어른의 성은 다르다

"엄마! 아빠는 꼬리가 앞에 달렸어~ 엄마도 알고 있어?"

목욕을 마치고 나온 딸이 눈을 반짝이며 묻는다. 순간 무슨 말인가 싶어 남편을 힐끗 보니, 그는 이미 후회막급 표정. 아이는 아빠와 함께 목욕하며 신기했던 '그걸' 목격했고, 당황한 아빠는 재빨리 "꼬리야!"라고 답했다. 이렇게 가정마다 아이의 질문에 당황하는 순간들이 많은데, 성에 대한 질문일수록 갈피를 더욱 잡지 못하는 경우가 많다.

"엄마, 나 고추가 자꾸 서."
"잠지에서 냄새 나."
"아빠 엉덩이에 털 났어!"

이럴 때면 부모의 얼굴은 얼어붙는다. 민망함이 뚝뚝, 당황스러움이 콸콸, '이걸 어떻게 받아쳐?' 하는 대기음이 울리고. 예전 같았으면 "그런 말 하지 마!" "부끄러워해야지!" 하고 단칼에 자르겠지만, 요즘 부모들은 달라졌다. 성에 대해 웃으며 받아들이고, 서툴러도 솔직하게 "왜 그렇게 느꼈니?" 하고 묻는다. 이 변화만으로도 큰 박수!

그럼에도 불구하고 '성'이라는 단어 앞에서는 여전히 다리가 후들후들한다. 왜일까? 어른에게 '성'은 감정, 관계, 쾌락, 책임, 수치심, 금기…. 복잡한 실타래. 누군가에겐 상처이고, 누군가에겐 꺼내기 힘든 추억이다. 그래서 아이의 말인데도 내가 먼저 작아지는 순간이 온다. 하지만 아이에게 '성'은 그저 변화와 다름에 대한 관찰이며, 놀이와 말장난 속 호기심이다. 고추는 그냥 몸의 일부고, 잠지라는 단어는 그저 어디선가 듣고 따라 한 말이다. 간지럽고, 신기하고, 다르니까 물어보는 것이다.

- "고추가 자꾸 서요."
  → 생리적 반응을 처음 경험했을 때의 놀라움
- "잠지에서 냄새 나." → 몸의 이상을 표현해 보는 첫 시도
- "아빠 엉덩이에 털 났어!" → 눈에 보이는 차이

이 모든 건 성적인 게 아니다. 내 몸을 이해하고 싶고, 확인해 보고 싶은 자연스러운 발달의 과정일 뿐이다. 그래도 그 말들을 들었을 때 민망하고 당황스러웠다면, 그것도 자연스럽다. '잘못된 부모 반응'이 아니라, 내가 자라오며 배워온 반사적인 감정 반응일 수 있다. 중요한 건 그 감정을 아이에게 그대로 덮어씌우지 않는 것이다. 아이는 그 말이 이상하거나 나쁘다고 생각하지 않았다. 그저 궁금해서, 신기해서 말해본 것뿐이다.

중요한 건, 아이의 언어보다 부모의 해석 방식이다. 아이의 말을 성인 기준으로 해석하지 말고, 그 말이 나온 이유와 맥락을 아이의 시선으로 바라보는 것. 아이들은 아직 자기 몸을 해석할 언어가 없다. 그래서 행동으로 표현하고, 말로 흉내 낸다. 엉덩이를 흔들고, 고추를 만지고, 자위처럼 보이는 행동을 반복하기도 한다. 하지만 이건 모두 몸을 알아가는 놀이이고, 감각 실험이고, 자기 자신에 대한 탐색이다. 성욕도, 자극도, 관계도 아니다.

부모가 해야 할 일은 놀라움을 억누르고 설명을 잘해야 하는 게 아니다. '성적인 의미'가 아닌 '신체 감각'으로 아이의 표현을 해석하는 감각을 갖는 것이다. 예를 들면, 이렇게 말할 수 있다.

"고추가 자꾸 서요."
→ "몸이 크면서 그런 반응이 생기기도 해. 놀라지 않아도 돼. 괜찮아."
"잠지에서 냄새 나."
→ "그럴 수 있어. 혹시 불편한 데 있으면 엄마가 같이 살펴볼게."

이렇게 말해주는 순간, 아이는 느낀다. '내 몸 이야기를 해도 괜찮구나.' 그 신뢰는 자기 몸을 존중하게 되는 감각의 시작이 된다. 성에 대한 이야기를 꺼내기 위해 엄청난 지식이나 완벽한 설명이 필요한 건 아니다. 부모가 먼저 두려워하지 않고, 도망치지 않고, 받아들이려는 태도만 있으면 된다. 요즘 부모들은 그걸 해내고 있다. 배우려 하고, 시도하려 하고, 더 나은 방식으로 성을 아이에게 전하고 싶어 한다.

그러니까 이제 쫄지 않고 자연스럽게 이야기해도 된다. 조금 서툴러도 괜찮고, 민망해도 충분히 멋지다. 어른의 성과 아이의 성을 구분하는 감각, 그게 바로 쫄지 않는 성교육의 첫 단추다.

성교육 전 먼저 점검하기
- 부모 성 감수성 셀프테스트

"이 얘기… 나부터 어색해요."

많은 부모가 아이의 성 질문 앞에서 갑자기 머릿속이 하얘지는 경험을 한다. "지금 말해도 되나?", "이걸 내가 말해줘야 하나?"

이런 순간이 낯설고 어려운 이유는 우리가 자라면서 성에 대해 자연스럽게 이야기해 본 적이 없기 때문이다. 성교육은 정보를 전달하는 게 아니라 '성에 대한 나의 감정, 생각, 태도'를 돌아보는 것에서부터 시작된다. 그래서 준비했다. 부모를 위한 성 감수성 셀프테스트.

이 테스트는 당신이 '성교육을 잘하고 있는가'를 평가하는 게 아니다. 아이에게 성을 어떻게 이야기할 것인가 이전에, 내가 성을 어떻게 바라보고 있는가를 살펴보는 시간이다.

✅ 성 감수성 셀프테스트 [부모용]

※ 아래 문항을 읽고, 지금의 나의 생각이나 느낌에 가장 가까운 점수를 체크한다.

> 1점: 전혀 그렇지 않다 / 2점: 그렇지 않다 / 3점: 보통이다
> 4점: 그렇다 / 5점: 매우 그렇다

1. 성이라는 단어 자체를 입에 올리는 게 어색하다.
2. 내 아이가 성 관련 질문을 하면 어떻게 반응해야 할지 걱정된다.
3. 내 몸에 대해 부끄럽거나 감추고 싶은 부분이 있다.
4. 성은 되도록 신중하고 조심스럽게 다루어야 한다고 느낀다.
5. 자위, 생리, 사정 같은 단어는 아이 앞에서 말하기 어렵다.
6. 아이가 성별에 어울리지 않는 장난감이나 옷을 고르면 불편한 마음이 든다.
7. '남자답게, 여자답게'라는 표현을 자주 쓰거나 무심코 쓰게 된다.
8. 유아기나 아동기에도 성적 호기심이나 자위 같은 행동이 나타날 수 있다는 걸 알고 있다.
9. 아이의 성적 행동을 문제행동으로 단정하기보다 먼저 맥락을 이해하려 한다.
10. 연령별로 아이들이 보이는 성 관련 반응이나 질문을 어느 정도 알고 있다.
11. 성교육을 부모가 직접 해야 한다고는 생각하지만 막상 하려면 막막하다.
12. 아이가 성에 대해 질문했을 때 "그게 궁금했구나"라고 반응하는 게 중요하다고 생각한다.
13. 배우자(또는 양육 파트너)와 성에 대한 대화를 해본 적이 있다.
14. 성교육을 어떻게, 언제, 누가 해야 할지에 대해 가족 간에 논의해 본 적이 있다.
15. 내 아이가 성과 관련해 불편함이나 걱정이 생겼을 때, 나에게 먼저 말할 수 있을 거라 믿는다.

✅ 점수 해석 & 감수성 유형 ※ 총점 기준: 15~75점

15~34점 | 조심스러운 거리두기형

성이라는 주제에 대해 불편함이나 경계심이 높다. 성교육을 해야 한다는 인식은 있지만, 어떻게 해야 할지 막막하고 부담스럽게 느껴진다.

방향 제안

* 나의 불편함을 먼저 알아차리고 인정하자.
* 아이에게 꼭 설명하지 않아도 된다. "그게 궁금했구나"라는 반응만으로도 충분하다.
* 성교육은 말솜씨보다 태도가 먼저이다.

35~59점 | 열린 준비형

성에 대해 어느 정도 수용적이고, 아이와의 대화도 시도하고자 하는 의지가 있다. 하지만 여전히 용어나 상황에 따라 당황하거나 혼자 감당하게 되는 경우가 많다.

방향 제안

* 배우자 또는 공동 양육자와 성교육에 대한 대화를 나누자.
* 어떤 단어를 쓸지, 질문을 받았을 때 바통을 어떻게 넘길지 미리 정해두는 것도 도움이 된다.
* 완벽하지 않아도 괜찮다. 함께 맞춰가는 과정이 중요하다.

60~75점 | 자연스러운 연결형

성에 대해 자연스럽고 열린 태도를 가지고 있으며, 아이와도 편안하게 대화를 이어갈 수 있는 준비가 되어 있는 상태이다.

방향 제안

* 정보 제공보다는 아이의 감정과 질문의 맥락에 더 집중해보자.
* 내 아이에게 지금 필요한 건 지식보다 '편하게 물을 수 있는 분위기'일 수 있다.
* 성에 대해 말할 수 있는 가족 분위기를 꾸준히 유지하자.

이 테스트는 '성에 대해 잘 아는가'를 묻는 게 아니라, '내가 성을 어떻게 느끼고 있는가'를 돌아보게 한다. 아래 문장을 배우자나 양육 파트너에게 한번 건네보자.

"나는 15문항 중에 이게 제일 찔리더라. 당신은 어땠어?"

이 한 문장으로, 성교육에 대한 첫 대화가 시작될 수 있다.
성교육의 시작은 '아이에게 무엇을 가르칠까'보다 '내가 어떤 감정으로 성을 바라보고 있는가'를 인식하는 것이다. 감정이 편안해지면, 말도 자연스러워진다. 이 테스트가 그 출발점이 되기를 바란다.

엄마 아빠가 그걸 했다고요?
- 아이가 건강한 성교육을 받으려면, 부부의 모습부터 점검해요

"뭐? 그렇게 해서 아기가 생긴다고?"
"아니, 우리 엄마랑 아빠가…? 그걸 했다고??"

중학교 3학년. 나는 그제야 성관계라는 것이 어떤 행위인지 알게 되었다. 그전까지는 "결혼하면 아이가 생긴다"라는 걸 단순하게 당연하다고 생각했다. 하지만 정확히 어떻게 해야 아이가 생기는지는 아무도 말해주지 않았다. 그리고 삽입의 관계! 그걸 알게 된 순간, 나는 그 두 가지 충격에 휩싸였다.

나는 멍하게 집에 걸어들어왔다. 누가 가르쳐준 것도 아니고, 교과서에 나온 것도 아니었다. 친구들과의 수다 끝에 우연히 들은 단어 하나가 실처럼 풀리며 '그 일'의 실체를 알게 되었고, 세상이 갑자기 어색하게 보이기 시작했다.

그날 이후 나는 엄마를 볼 때마다 묘한 거리를 두었다. 엄마 아빠가 늘 말없이 지내거나 서로에게 화나 있는 모습을 봐왔기 때문에, 그 둘 사이에 '사랑'이라는 단어가 끼어 있을 거라고는 상상도 못 했다. 그런 두 사람이 '그런 일'을 했다니. 그 결과물이 나라고? 솔직히 말하면, 그

생각에 내가 더 부끄럽고 견디기 힘들었다.

그 충격은 거기서 끝나지 않았다. 그 시절, 내가 다니던 교회의 목사님은 자녀가 네 명이나 있었다. 평소엔 설교 중에 "몸은 성전이다.", "정결한 삶을 살아야 한다"라는 말씀을 자주 하셨다. 그런데 성관계를 이해하게 된 순간, 나는 또 한 번 충격을 받았다.

'아니, 그런 성스러운 목사님도 그걸… 네 번이나…?'
말도 안 되는 생각 같지만, 당시 내게 성은 부끄럽고 감춰야 할 일, 더럽거나 무서운 일로 각인되어 있었기에 그 감정은 더 깊고 복잡했다. 예배 시간 동안 설교를 들으며 목사님을 쳐다보지도 못했다. 죄송한 마음과 어색함, 말로 설명하기 힘든 불편함이 그 시절 한동안 내 안에 머물렀다.

나는 그때부터 성에 대해 자연스럽고 긍정적으로 받아들이기가 얼마나 어려운 일인지 알게 되었다. 누군가 따뜻하게 설명해 준 적도 없었고, 사랑을 나눈다는 말이 어떤 모습인지 집 안에서 본 적도 없었다. 그러니 성은 늘 '몰래', '부끄럽게', '혼자' 배우는 것이었고, 감정 없는 몸의 작동 방식으로만 여겨졌다.

친구의 자녀 이야기도 있다. 어느 날 가족과 드라마를 보다가 남녀 주인공이 키스했다.

"왜 키스하는 거야?"

아이의 질문에 친구는 최대한 평온하게 대답했다고 한다.

"음, 사랑하면 키스를 할 수도 있지."

그러자 아이는 눈을 동그랗게 뜨고 되물었다.

"그러면 엄마 아빠도 키스했어?"

친구 부부는 무덤덤하게 "그럼"이라고 답했고, 아이는 말했다.

"웩. 더러워. 말도 안 돼."

그 아이는 평소에 엄마 아빠가 서로 웃으며 손잡거나 안아주는 모습을 거의 본 적이 없다. 가끔은 티격태격 다투기도 하고, 서로 무덤덤한 말투로 대화하는 게 전부였다. 아이에게 '사랑하는 어른의 모습'은 없는 셈이었다. 그러니 그 관계 속에 '키스'나 '성관계'가 들어간다는 건, 받아들이기 너무 생경하고 역겨운 일이었을 것이다. 아이들은 부모가 서로를 대하는 방식을 통해 관계의 개념을 배운다. 그리고 그 관계 속에서 성의 이미지가 차곡차곡 쌓인다. 어른들이 생각하는 것보다 훨씬 빨리, 훨씬 많이.

성교육은 단지 아이에게 '어떻게' 설명하느냐의 문제가 아니다. 가장 강력한 성교육 교재는 바로 부모의 관계다. "사랑해서 아기가 생겨"라는 말을 들은 아이가 진심으로 그 말을 믿으려면, 부모가 서로를 바라보는 눈빛 속에 따뜻함이 있어야 한다. 그 '사랑'이 거짓이 아니라는 증거는 말이 아니라, 매일의 사소한 행동으로 보인다.

물론 모든 부부가 항상 다정할 순 없다. 하지만 아이는 완벽한 부모보다 '진심으로 애쓰는 부모'를 기억한다. 다투는 날이 있다면 화해하는 모습도 보여주자. 서툴러도 "미안해", "고마워"를 말로 표현해보자. 그리고 가끔은 아이 앞에서 손을 잡아보자. 따뜻하게 안아보자. "엄마 아빠는 서로 참 고맙고, 소중해"라고 말해보자. 그 짧은 장면이 아이에겐 평생 기억될 '사랑의 기본값'이 된다. 그 기억 하나가 아이의 몸과 마음을 보호하고, 스스로를 존중하는 성 의식의 뿌리를 만들어줄 것이다. 그리고 그 뿌리는 아이의 몸에 대한 감각, 마음의 온도, 사랑받아도 괜찮다는 확신으로 자라날 것이다. 그러니 성교육은 말로만 가르치는 게 아니다. 가장 먼저 보여줘야 할 것은 '사랑이 오고 가는 관계가 어떤 것인지'에 대한 아주 작고 평범한 장면들이다.

내가 그 시절 알지 못했던 따뜻한 장면들. 그 장면들을 이제 우리 아이에겐 부모인 우리가 만들어줄 수 있다. 부끄럽고 무서운 것이 아니라, 따뜻하고 안전한 것으로 성을 배울 수 있도록. 그 시작은 거창한 설명이 아니라, 매일의 다정한 순간에서부터 가능하다.

그리고 오늘, 그 첫 장면은 당신의 집에서부터 다시 쓰일 수 있다.

괜찮아, 우리 집은 자연스러워

우리 집 거실은 몸에 관한 이야기가 아주 자연스럽게 오간다. 엄마는 생리 시작하면 "오늘은 안 먹던 초콜릿 좀 챙겨야겠다."고 말하고, 휴가를 잡을 때는 딸의 생리주기를 물어보고 휴가 날짜를 가족과 함께 상의한다. 아빠는 면도하며 "이 수염은 언제까지 자라려나…" 중얼거린다. 아이들은 그 사이에서 "아빠, 나중에 나도 저거 생겨?"라며 물음을 던진다.

어느 날은 코털 이야기, 또 어떤 날은 배에 난 털이 주제다. 누구도 일부러 교육하려 들지 않는데도, 그렇게 일상 속에서 몸에 대한 이야기가 오고 간다. 성교육이란 게 특별한 주제가 아닌, 평소에 가족이 어떤 분위기로 몸에 대해 말하고 반응하는가에서 시작된다는 걸 요즘은 더욱 절감한다.

몸은 자란다. 그건 아주 자연스러운 일이다. 그 변화는 조용히 시작된다. 사타구니에 털이 나고, 가슴이 봉긋해지고, 어느 날 팬티에 피가 묻기도 하고, 젖기도 한다. 아이에게는 어쩌면 큰 사건일 수도 있는 그 변화가, 가족 안에서는 너무 당연한 한 흐름으로 받아들여질 수 있어야 한다. 그렇게 되려면 갑작스러운 대화나 의식 같은 이벤트가 아니라, 평소에 몸에 대해 말할 수 있는 분위기가 필요하다.

생리 중인 엄마가 "오늘은 좀 쉬고 싶어."라고 말할 수 있고, 아이가 "왜?"라고 물었을 때 "몸에서 피가 나오는 날이야. 괜찮은 거야."라고 답해주는 것. 그것이 자연스러운 성교육이고, 아이가 자랄 준비가 되어 있다는 신호를 부모가 미리 듣게 되는 통로다.

그래서 아이가 어느 날, "엄마 나 털 났어." 혹은 "피가 났어, 근데 안 아파."라고 말해올 때, 부모는 그 말을 하나의 보고가 아니라, 용기로 받아들일 수 있어야 한다. 그리고 이렇게 대답할 수 있어야 한다.

"잘 말해줘서 고마워. 불편한 건 없니? 너의 몸이 자라고 있는 거야. 정말 멋진 일이야."

이 말 안에 놀람도 없고, 부끄러움도 없다. 대신 있는 건 기쁨과 인정, 그리고 '함께'라는 메시지다.

요즘은 초경이나 첫 몽정을 축하하는 문화도 점점 퍼지고 있다. 꽃을 준비하고 케이크를 사고, 편지를 써서 아이에게 "너의 성장을 축하해!"라고 전한다. 분명 따뜻한 시도다. 하지만 그 이전에 꼭 있어야 하는 것이 있다. 바로 그 아이가 축하받을 준비가 되어 있는지, 자신의 변화에 대해 말할 수 있는 분위기 속에 살고 있었는지이다. 평소엔 성

이야기에 단 한 마디도 없다가, 갑자기 파티를 벌이면 아이는 얼떨떨하거나, 심지어 불편함을 느낄 수도 있다. 어떤 아이는 "이건 나만 알고 싶은데, 왜 갑자기 이렇게 커지지?"라고 느낄지도 모른다.

그래서 꼭 묻자. "너는 축하받고 싶은 기분이니?" "어떤 방식이 좋을까?" 그렇게 물어보는 것만으로도 아이는 자신의 변화가 존중받고 있다는 걸 느낀다. 그리고 그 존중은 아이가 자기 몸을 긍정하고 받아들이는 데 가장 큰 토대가 된다. 우리집 딸아이의 생리 시작을 축하해 주려 할 때 아이는 " 이렇게 불편하고 짜증 나는 일을 시작했는데 축하라니~"라며 축하 파티 대신 반지 맞추기를 요구하기도 했다.

성장은 말없이 오지 않는다. 하지만 그 말을 아이가 꺼낼 수 있을지 아닐지는 부모의 평소 모습에 달려 있다. 몸에 대해 말할 수 있는가, 변화를 느꼈을 때 누군가에게 말하고 싶은가, 그것은 어느 날 생기는 용기가 아니라, 매일의 분위기 속에서 자라는 감각이다.

부모가 자신의 몸을 편안히 다루고, 아이가 그 모습을 자연스럽게 옆에서 보며 자란다면, 아이도 언젠가 자신의 몸 이야기를 꺼내게 된다. 그때 부모가 할 수 있는 일은 많지 않다. 다만 진심으로 반가워하고, 아이의 말에 웃으며 귀 기울이는 것. 그리고 이렇게 말하는 것.

"말해 줘서 고마워. 너의 몸이 자라는 걸 함께 지켜볼 수 있어서, 나는 참 기쁘다."

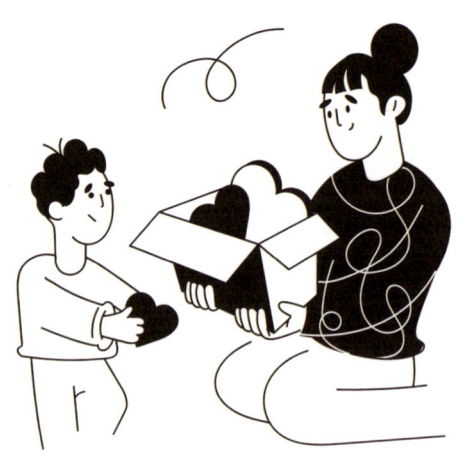

맞벌이라 놓치는 게 많아요
- 시간보다 연결이 먼저인 성교육 이야기

맞벌이 부부는 퇴근 후 전쟁처럼 아이와의 저녁 시간을 치르고, 잠이 든 아이의 얼굴을 보며 혼자 조용히 탄식하며 하루를 마감하는 일이 많다.

"내가 일을 계속해야 하나…"
"아이가 이렇게 자라는데, 나는 뭘 해주고 있지?"

나도 그랬다. 늘 부족한 것 같고, 무언가 중요한 걸 자꾸 놓치고 있는 느낌. 특히 성교육 같은 주제는 "언젠간 제대로 얘기해야지."라고 미루다 그 '언젠가'가 자꾸 뒤로 밀려만 갔다.
그런데 아이에게 꼭 긴 시간을 내서 교육을 해야만 하는 것은 아니다. '지금 있는 이 자리에서', '지금 듣고 있는 이 말 안에서' 이미 우리는 성교육을 하고 있는 건 아닐까?

퇴근 후 옷도 제대로 갈아입지 못하고 아이랑 씻고, 먹이고, 재우다 보면 딱 5분, 그냥 바라보는 시간도 귀하다. 그 짧은 순간을 그냥 흘리지 않고 아이의 몸, 감정, 언어에 조금만 더 집중하면, 그게 곧 연결이고 성교육이 된다.

아이와 목욕하면서 "여기 만지면 간지럽지? 그럴 땐 뭐라고 해볼까?" 밥 먹다 음식 흘린 옷을 갈아입히며 "이건 네 몸이니까, 네가 편한 옷을 고를 수 있어." 잠자기 전 "오늘 기분 좋았던 순간은 언제야?" 이런 대화는 전혀 거창하지 않지만, 아이에게는 자기 몸, 감정, 경계를 돌아보게 해주는 감각의 말이 된다.

주말엔 더 간단하게, 마트 가는 길에도 "화장실 문은 왜 따로 있을까?" "남자랑 여자 몸이 다르다고 해서 더 좋고 나쁜 건 아니야." 길을 걷다가 "저건 아빠 가슴, 이건 엄마 가슴이야." "사람마다 다르게 생긴 건 자연스러운 거야." 말을 꺼내는 연습만 해도 아이는 질문할 수 있는 용기를 얻는다.

성교육은 정보보다 감각이고, 교육보다 연결이다. 지식보다 말 걸기다. 더 이상 완벽한 시간을 꿈꾸기보다 대신 오늘 하루 중 단 5분만이라도 아이에게 "나는 네 이야기를 들을 준비가 돼 있어."라는 태도를 보여주자. 완벽한 계획보다 먼저 필요한 건, 딱 5분, 말 걸 용기다.

✅ 5분 성교육 대화 예시

– 현실 속 짧지만 강한 연결의 말들

👕 옷 갈아입을 때

- "이 옷은 어디가 제일 편해?"
- "속옷 입는 데는 누가 보면 안 되는 부분이지, 왜 그럴까?"

🛁 목욕할 때

- "여기 간지러워? 거긴 진짜 소중한 곳이니까 깨끗이 씻자."
- "엄마도 너도 다 자기 몸을 스스로 돌보는 거야."

🚽 화장실 앞에서

- "여긴 여자 화장실, 저긴 남자 화장실이지. 왜 따로 있는 지 알아?"
- "다르게 생겼지만, 다 똑같이 소중한 몸이야."

🛏 잠들기 전

- "오늘 내 몸이 제일 행복했던 순간은 언제였어?"
- "누가 널 안아줬을 때 기분이 좋았어? 아니면 좀 불편했어?"

🚗 차 안에서

- "친구가 싫다고 했는데 장난을 계속하면 그건 뭐라고 할까?"
- "우리 몸이 싫다고 말할 수 있는 것도 연습해야 해."

이런 말들은 성교육이라 부르지 않아도 이미 성교육이다. 그냥 '살면서 서로 연결되는 말'이기도 하니까.

한부모 가정에서 시작하는 자연스럽고 건강한 성교육

"우리 집은 아빠가 없어."
"난 엄마랑만 살아."

아이들이 이렇게 말할 때, 부모인 우리는 잠시 멈칫하게 된다. '이걸 어떻게 설명하지?' '성교육도 내가 다 책임져야 하나?' '혹시 우리 가족 형태가 아이에게 결핍이 될까?'

혼자 아이를 키우는 부모라면 누구나 이런 생각을 해본다. 하지만 단언할 수 있다. 성교육은 두 사람이 함께여야만 가능한 것이 아니다. 진심을 담은 한 사람이면 충분하다. 결핍에서 시작하지 말고, 지금 우리 가족의 모습을 있는 그대로 인정하는 것. 그게 성교육의 가장 건강한 출발점이다.

"가족은 꼭 엄마와 아빠가 있어야 해?"
"아니. 가족은 서로를 책임지고 아끼는 사람들이 함께 하는 거야."

아이에게 가장 먼저 알려줘야 할 것은 가족은 다양한 모습일 수 있다는 사실이다.

"우리 집은 엄마랑 너랑 둘이야. 우린 아주 괜찮은 팀이거든!"

이런 말 한마디가 '나는 결핍 속에 태어난 게 아니야'라는 아이의 기본 자존감을 만들어준다. 성교육도 마찬가지다. "우리 집엔 아빠(엄마)가 없으니 이건 설명이 어려워."가 아니라 "그건 내가 충분히 이야기해 줄 수 있어."라고 말할 수 있어야 한다.

✅ 엄마 혼자 딸을 키울 때
"고추 얘기 나오면 나 혼자 당황하잖아…"

1. 고추 얘기? 정색 말고, 유쾌하게 받아주자

- 아들: "엄마! 내 고추 이상해졌어!"
- 엄마: "어머~ 고추가 요즘 스트레스 많나 봐? 어디 불만 있대?"
  → "그건 음경이야, 자라는 중이라 그래. 몸이 멋져지고 있구나!"
  → 이름은 정확히, 반응은 가볍게.

2. 아빠가 없다는 말, 자연스럽게 풀어주자

- 아이: "다른 애들은 아빠 있는데 왜 난 없어?"
- 엄마: "우린 슈퍼히어로 한 명으로도 잘 굴러가."

효율 갑 가족이야~"

→ 설명은 뒤에 하고, 먼저 분위기를 풀어주는 위트가 필요해.

3. 엄마가 아빠 역할까지 하려 애쓰지 말자

- 엄마: "엄마도 남자 몸은 책 보고 배워야 해. 같이 검색해 볼까?"

  → 정답을 몰라도 솔직하면 아이는 오히려 편안해진다.

남성 롤모델이 부족한 부분을 보완하고 싶다면 외삼촌, 조부, 좋은 남성 선생님과의 자연스러운 교류도 도움이 될 수 있다. 하지만 반드시 있어야 하는 건 아니다. 정서적 안정감이 가장 중요하다.

◉ 아빠 혼자 딸을 키울 때

"생리 얘기 나오면 심장 멎는다고…"

1. 생리? 무겁지 않게, 진심으로 축하하자

- 딸: "아빠, 나 생리 시작했어…"
- 아빠: "오~ 드디어 어른 모드 진입이구나! 너 생리 파티 할래?"

  → 진지하게, 동시에 가볍게. 감정적으로 받쳐주는 게 핵심.

2. 생리대? 민망해도 같이 고르자

- 아빠: "이거 날개 달린 거 맞지? 뭐야 이건 프로펠러야?"
- 딸: "아 진짜 창피해… 저 핑크색! 그거!"

→ 유쾌한 대화가 '민감함'을 '일상'으로 바꿔준다.

3. 여자 몸? 몰라도 괜찮아, 같이 알아보면 돼

- 아빠: "아빠도 여자 몸 잘 몰라. 너랑 같이 공부해서 박사 돼볼까?"

→ 성교육은 정보보다 태도! 함께 배운다는 마음이 최고의 메시지.

딸과의 감정 교류를 놓치지 말 것. 딸이 감정적으로 예민해질 시기, 아빠는 특히 "말해줘서 고마워.", "이해하고 있어."라는 말을 자주 건네자.

✓ 쫄지 말고, 이렇게 말해보세요!

- "왜 우리는 아빠(엄마) 없어?"
  → "우린 가족 형태가 좀 달라~ 근데 사랑은 누구보다 꽉 차 있지 않니?"
- 아들이 성기 관련 질문을 할 때

- → "좋은 질문이네! 궁금한 거 언제든 환영~ 고추도 요즘 성장 중인가 보지?"
- 딸이 사춘기로 몸이 변할 때
- → "몸이 멋지게 변하는 중이야! 대견하고 자랑스러워."

성교육의 핵심은 '정보'보다 '감정'이다. "우리 집은 엄마(아빠)만 있어서 미안해…" 이 말 대신 "나는 너랑 함께 살아서 든든하고 행복해." 이 말을 더 자주 들려주자. 성교육은 딱딱한 지식보다 몸과 마음이 연결된 대화이다. 그 대화는 "너랑 이야기할 준비가 되어 있어."라는 부모의 마음에서 시작된다.

완벽한 정보보다 따뜻한 반응, 당황하지 않는 태도보다 함께 웃을 수 있는 유머, 혼자가 아니라 아이와 '같이' 배우는 자세. 지금 이 가족, 지금 이 모습 그대로 성교육은 충분히 가능하다. 결핍이 아니라 다름으로, 두렵지 않게, 쫄지 말고 시작하기.

성 질문, 아이보다 먼저 부모가 나눠야

"그런 얘기를 벌써 해?" 아빠의 말에 공기가 식었다.

저녁 식탁, 여섯 살 딸아이가 물었다. "아빠는 왜 쉬할 때 서 있어?"

엄마는 잠깐 멈칫했지만 이건 기회다 싶어 조심스럽게 입을 뗀다.
"음… 그건 말이지…" 그 순간, 아빠가 말을 하고는 물을 한 모금 마신다. 아이의 눈이 왔다 갔다 한다.

"남자라서? 그게 뭐야?"
"그러니까… 음… 다 다르게 생긴 거지. 그냥 그런 거야. 나중에 또 얘기해 보자."
말끝을 흐리며 젓가락을 드는 아빠. 아이의 표정에는 물음표가 남고, 엄마는 말할 타이밍을 놓친다.

그날 밤, 부엌에서 다시 조용한 대화가 오간다.
"조금만 더 자연스럽게 대답해 줬으면 좋았을 것 같아."
"아니, 못 하게 하려던 건 아닌데… 갑자기 나오니까 당황해서."

"나도 정답은 몰라. 그래도 당신이 아무렇지 않게 받아주는 모습만 있었어도, 애가 '아, 이건 이상한 게 아니구나' 느꼈을 것 같아서 그래."

아빠는 잠시 생각하다가 고개를 끄덕인다. 이런 상황은 생각보다 자주 찾아온다. 아이는 예고 없이 묻고, 엄마는 절반쯤 준비돼 있고, 아빠는 당황해서 얼버무리다 마무리한다. 그리고 그 사이, 아이는 대답보다 분위기를 먼저 읽는다. '이건 엄마한테만 물어야 하는 얘기인가?' '아빠는 말하면 안 좋아하나?' '이거… 이상한 질문인가?'

그렇게 아이의 호기심은 질문으로 풀리기보다 눈치로 눌리게 된다. 그래서 더더욱, 부부가 먼저 말해보는 시간이 필요하다. 아이보다 먼저, 부모가 나눠볼 수 있는 몇 가지 대화가 있다.

- 이런 질문을 받으면 누가 먼저 대답할까?
- 우리가 공통적으로 사용하는 단어나 표현은 뭘까?
- 서로 당황하면 어떻게 바통을 넘길까?
- 나중에 얘기하자'라는 말은 언제, 어떻게 쓸까?

거창한 회의가 필요하진 않다. 툭 건네는 말 한 줄이면 된다.
"근데 당신은, 이런 얘기 아이가 꺼내면 진짜 뭐라고 말할 거 같아?"

"나는 '성기'라는 단어가 아직도 민망하던데... 당신은 괜찮아?"
"당황할 땐 우리가 서로 도와주는 걸로 하자."

이렇게 사전에 두 사람 사이의 리듬을 맞추다 보면 그때그때 수습하는 게 아니라, 아이의 질문을 자연스럽게 흐르게 도와줄 수 있는 환경이 만들어진다.

부모의 말은 정보 이전에 '기류'다. 대답이 부족해도, 당황한 얼굴에도 여유가 있으면 아이에겐 그것만으로도 "아, 물어도 되는구나." 하는 안정감이 전해진다. 이런 분위기 속에서 자란 아이는 자신의 몸에 대해 더 편안하게 받아들이고, 성에 대해 더 건강한 감각을 갖게 된다.

무엇보다 나중에 진짜 중요한 순간 혼란스럽고 성에 대한 문제가 생겼을 때, 자신이 믿는 사람에게 먼저 말할 수 있는 힘을 갖게 된다. 그 시작은 부모가 서로 당황하지 않기 위해 나누는 짧은 대화일지 모른다.

부모가 먼저 말을 주고받은 집, 성 이야기를 할 준비가 된 집은 아이에게 '질문할 수 있는 용기'를 선물해 준다. 그리고 그 용기는 아이의 성 감수성과 자기존중감, 나아가 타인과의 경계를 세우는 힘이 된다. 성교육은 어느 날 갑자기 커다란 진지한 설명으로 시작되지 않는다.

식탁 위의 숟가락 소리 사이, 부엌의 뒷정리 시간 사이로 스며드는 사소한 부모의 합의에서부터 시작된다.

02장

우리 아이의 몸과 감각
: 발달과 호기심 이해하기

영유아 부모를 위한 쫄지마 성교육

02장
우리 아이의 몸과 감각

'왜 이러지?'가 아니라 '아, 이런 시기구나'

영아는 편견없이 대상을 만진다

아기들은 세상을 오감으로 배운다. 눈에 보이면 손이 가고, 만져보며 확인하고, 신기하면 반복한다. 아직 어떤 구분도, 의미도 부여되지 않은 순수한 호기심의 대상이다. 배꼽도 만지고, 귀도 잡아당기고, 발가락도 빨아본다. 그리고 그 모든 탐색은 성기에도 똑같이 적용된다. 영아에게 몸은 나누어진 의미를 가진 부위가 아니라 그저 '나의 일부'일 뿐이다.

그래서 성기를 만지는 것도, 단순히 몸의 한 부분을 탐색하는 자연스러운 놀이인 것이다. 아이에게는 이 행동이 특별하지 않다. 하지만 부모가 깜짝 놀라거나 당황스러운 반응을 보이면, 그 순간부터 아이는 어떤 아이는 옷을 벗고 다니는 걸 좋아한다. 벗으면 시원하고 자유롭고, 움직이기 편하니까. 이 시기에는 몸을 있는 그대로 드러내고 느끼는 것이 놀이가 될 수 있다. 성에 대한 의도나 부끄러움은 아직 자리 잡지 않은 나이이기 때문이다. 이럴 땐 단호하게 제지하기보다, "집에서는 괜찮지만, 밖에서는 옷을 입자."처럼 자연스럽게 일상 속 규칙을 알려주는 게 좋다.

몸의 감각은 아이가 세상과 연결되는 중요한 창구다. 아이가 몸의 일부에 집중하는 행동은 발달의 일부이며, 특정 부위를 만지는 것이 특별히 나쁜 행동이 아니라는 점을 부모가 먼저 이해해야 한다. 과하게 반응하거나 불편한 감정을 드러내기보다는, 차분하게 받아들이고 자연스럽게 설명해 주는 태도가 필요하다.

유아 시기 아이들은 또래와 함께 의사 놀이 등을 하며 서로의 몸을 관찰하려는 시도를 하기도 한다. 이럴 땐 무조건 혼내기보다는, 상황을 지켜보고, 서로 존중해야 한다는 기준을 알려주는 것이 더 효과적이다.

"친구 몸은 친구 거니까 만질 땐 꼭 물어봐야 해."

이 한 문장이 아이의 관계 감각과 성적 존중의 씨앗이 된다. 성교육은 정보를 주는 것보다 태도를 전달하는 것이 더 중요하다. 아이의 몸에 대해 부모가 어떻게 반응하느냐가 아이에게 몸과 성에 대한 느낌으로 전달된다.

이 시기의 아이는 아직 성에 대한 구체적인 인식이나 욕구가 없다. 아이의 행동을 어른의 시선으로 해석해 성적인 의미를 덧씌우는 건 오해다. 예를 들어 아이가 자신의 성기를 만지며 편안해하는 모습을 보일 수도 있지만, 그건 긴장이 풀리거나, 졸음이 오거나, 옷이 불편해서일 수 있다. 이럴 땐 아이의 반응을 유심히 살피고, 필요하면 환경을 조정해 주면 된다.

시간이 지나 만 4세 정도가 되면 아이 스스로 수치심이라는 감정을 느끼기 시작한다. 스스로 옷을 챙겨 입고, 벗는 걸 꺼리기도 하며, 몸에 대한 구분이 생기고 사적인 공간의 개념이 자리 잡는다. 이 감정은 억지로 가르칠 필요 없이 자연스럽게 생기는 것이니, 말로 부끄러움을 가르치기보다 기다려주는 것이 가장 좋은 교육이다. 아이의 성 발달은 '가르친다'기보다 '함께 겪고 반응해주는 것'에서 시작된다.

지금 이 시기, 부모가 너무 놀라지 않고 몸을 대하는 아이의 자연스러운 모습을 편안하게 받아들여 주는 것 — 그게 바로 성교육의 시작이다.

노출과 관찰, 그 본능에 대하여
- 짱구는 영원하라

짱구는 오늘도 흔든다. 옷을 내려 엉덩이를 까고, 힘차게 좌우로 흔들고, 심지어 "내 엉덩이 춤을 받아랏!"이라며 자신 있게 선언까지 한다. 놀라운 건 그걸 본 아이들의 반응이다. 낄낄대고 웃고, 엉덩이를 따라 흔들고, 심지어는 거실 한복판에서 바지를 내리며 말한다.

"엄마, 나 짱구야!" 그 순간, 엄마는 얼어붙는다.
"야! 뭐 하는 거야!!" 억눌린 본능은 결국 짱구에게 흘러간다. 아이들은 본능적으로 알고 있다. 엉덩이를 흔들면 재미있다는 것. 엉덩이를 보이면 사람들이 놀란다는 것. 그리고, 그게 절대 허락되지 않는다는 것도. 몸으로 배웠기 때문이다.

"바지 올려!"
"부끄러운 줄 알아야지!"
"아무 데서나 그러지 마!"

라는 말들을 수도 없이 들으면서. 그러니 아이들은 이제 '내가 하면 안 되지만, 짱구가 하면 된다'는 걸 안다. 그래서 열광한다. 자기가 못하는 걸 대신 해주는 캐릭터에게. 짱구는 아이들이 억눌린 욕구의 해방구다. 허락되지 않은 욕망의 대리만족이다. 그리고 그 중심엔 엉덩이가 있다.

아이들은 본능적으로 알고 싶어 한다. 내 몸이 어떤지, 다른 사람은 어떻게 다른지, 나는 누구인지. 유아기의 성은 '성적 의미'가 아니다. 그저 '몸'에 대한 감각이고, '다름'에 대한 관찰이고, '나'에 대한 탐색이다. 유아기의 성은 머리로 이해하는 게 아니라, 눈으로 보고, 손으로 만져보고, 몸으로 느껴보는 것이다.

노출과 관찰의 욕구는 본능이다. 아이들이 옷을 벗고 돌아다니거나, 친구랑 서로 몸을 보여주는 행동은 사실 너무 당연하다. 유아기의 아이들은 나와 너의 몸이 어떻게 다른지 확인하고, 그 다름을 있는 그대로 받아들이고 싶은 욕구를 가지고 있다. 이게 충족되면 아이는 비교하지 않는다. "나는 이렇고, 쟤는 저렇구나." 하고 자연스럽게 이해하고 넘어간다.

문제는 이 본능적인 욕구가 "야! 그러면 안 돼!", "부끄러운 줄 알아야지!", "창피한 거야!"라는 말로 억압될 때 생긴다.

욕구는 사라지지 않는다. 그저 수치심이나 죄책감이라는 이름으로 눌려 있을 뿐이다. 그러다 어떤 상황에서 다시 튀어나오기도 하고, 이상하게 꼬여버리기도 한다.

형제가 여럿이던 시절엔 이 욕구들이 꽤 자연스럽게 해소되었다. 목욕도 같이 하고, 옷도 같이 갈아입고, 화장실도 같이 다니며 서로의 몸을 보며 비교하고, 웃고, 놀고, 그러다 그냥 스스로 궁금증이 해결되곤 했다. 누가 가르치지 않아도, "아, 저건 고추구나.", "나는 이렇고, 언니는 저렇네." 그걸로 끝이었다.

그런데 요즘은 다르다. 한 자녀 가정이 많고, 내 아이의 신체 노출을 불안하게 느끼는 부모가 많다. 물론 당연하다. 이에 따라 목욕은 각자 하고, 탈의는 철저히 구분되고, 부모조차 아이 앞에서 옷을 벗는 걸 부담스러워한다. 아이는 관찰의 기회를 잃는다. 눈으로 보고, 자연스럽게 이해하고, 자연스레 지나가야 할 욕구가 막혀버리고, 금지되고, 때로는 죄책감으로 남는다.

영아기에서 유아기 초기까지는 부모가 아이와 함께 전라로 목욕하는 것이 좋다. 엄마든 아빠든, 어른의 몸과 아이의 몸이 서로 다르지만 괜찮다는 걸 보여줄 수 있다.

"엄마 몸이랑 00이 몸이 다르지?"
"아빠 몸은 바깥에 있어서 그렇단다. 그래서 서서 쉬를 하지."
"이건 아주 소중한 부분이라서 깨끗이 씻는 거야."

이렇게 말하면서 몸에 대해 자연스럽게 이야기해 주고, 함께 씻고, 닦고, 웃고, 몸을 편안하게 느끼는 경험. 이건 단순한 청결의 문제가 아니다. 자기 몸에 대한 긍정감과 존중, 그리고 타인의 몸에 대한 경계감까지 길러주는 가장 따뜻하고 확실한 성교육이다.

아이가 "내 고추 보여줄까?"라고 말했을 때 "안 돼!" 하고 소리부터 지르지 말자. "궁금했구나." "친구 몸이 달라서 신기했지?" 하고 욕구를 먼저 인정해 주는 것이 가장 중요하다. 그리고 그 뒤에 알려주면 된다. 금지보다 안내가 필요하다.

"몸은 소중한 거라서 아무한테나 보여주는 건 아니야."
"친구 몸도 허락 없이 보면 친구가 놀랄 수 있어."

✅ 부모 TIP
아이가 몸을 보여주려 할 때, 점검해 볼 다섯 가지

아이들의 몸에 대한 호기심은 아주 자연스러운 발달 과정임을 앞서 이야기했다. 특히 노출과 관찰의 시기에는 '왜 다르지?', '이건 뭘까?' 같은 질문이 행동으로 튀어나오기 쉽다. 하지만 행동이 반복되거나 장소에 상관없이 나타난다면, 그 안에 어떤 메시지가 숨어 있는지 점검해 볼 필요가 있다.

✓ 그냥 궁금해서
몸에 대한 탐색은 모든 아이가 거치는 과정이다. 생식기는 특히 감각적으로 특별하니까 더 손이 가고, 더 보여주고 싶을 수 있다.

→ "궁금한 건 좋은 거야. 그런데 몸은 혼자있을 때 너만보는거야."

✓ 친구랑 비교하려고
"내 거랑 네 거랑 같아?" 이런 마음이 들 수 있다. 성적인 의미보다, 그냥 '같은지 다른지'가 궁금한 것이다.

→ "사람마다 몸이 다 달라.
그래서 우리는 서로 몸을 보여주는 대신, 다름을 존중해."

✓ 재미있고 주목받아서

한 번 보여줬을 때 어른들이 웃거나 놀라면, 그 반응이 재밌어서 또 하게 된다.

→ "엄마가 놀란 건, 네 몸이 이상해서가 아니라,
　그건 혼자 있을 때만 하는 거니까 그래."

✓ 관심을 끌고 싶어서

혹시 요즘 엄마 아빠가 바쁘거나, 관심이 부족하다고 느낄 때 그런 행동이 나올 수 있다.

→ "이런 행동 안 해도 엄마는 네가 좋아. 우리 같이 블록 놀이할까?"

✓ 기준이 애매해서

집에서 옷을 자주 벗고 다니거나, 누군가 노출된 영상을 함께 보게 되면 '이 정도는 괜찮은가 보다' 하고 익숙해질 수 있다.

→ "엄마도 옷 갈아입을 땐 문 닫고 해. 네 몸도 그렇게 지켜주자."

화장실 따라가기 놀이

유치원 바깥 놀이터 옆 화장실.

"나도 같이 가도 돼?"
"안 돼, 나 쉬할 거야."
"그냥 볼 거야~ 나도 쌀 건데~"

서로를 밀고 당기며 화장실 문을 사이에 두고 실랑이가 벌어진다. 조금 전엔 '엄마 놀이'를 하던 아이들이다. 교사는 익숙한 듯 다가가 말한다.

"OO야, 친구가 쉬할 땐 기다려줘야 해. 화장실은 혼자 가는 곳이야."

아이들은 왜 이렇게까지 다른 아이의 쉬하는 모습이 궁금할까? 그들이 지금 '노출과 관찰의 시기'를 지나고 있기 때문이다. 자기 몸이 어떤 구조인지, 다른 몸은 어떻게 다른지, 그 차이를 경험하고 싶은 마음이 자연스럽게 화장실이라는 공간에 시선을 집중하게 한다.

남자아이와 여자아이의 쉬하는 자세가 다르고, 그걸 보고 싶고, 궁금한 건 아이들에게는 아주 '정상적인' 탐색이다. 그런데 그걸 바라보는 어른의 시선은 다르다.

"누구야, 화장실까지 쫓아간 애?"
"그건 사생활 침해야. 그러면 안 돼."
"남의 걸 왜 봐! 이상하게 놀지 마!"

부모와 교사는 무심결에 경고조의 말을 내뱉는다. 그러면 아이는 이렇게 생각하게 된다. '내가 이상한 걸 보고 싶어 했나?' '남의 몸이 궁금한 건 나쁜 거였나?'

이럴 때 아이는 호기심을 더 감추게 되고, 몰래 보거나 몰래 따라다니는 방식으로 탐색을 이어간다. 이 시기의 아이들은 '보면 안 된다'고 했을 때 '왜 안 되는지'까지 받아들이지는 못한다. 그저 '나는 나쁜 행동을 한 거야'로 인식하고, 자기 몸과 타인의 몸 모두를 부끄러운 존재로 받아들이게 된다. 그럼, 어떻게 반응해야 할까?

- "너는 궁금할 수 있어."
  → 아이의 감정을 먼저 수용해 준다.
- "하지만 쉬할 때는 혼자 가야 해."
  → 상황에 따라 지켜야 할 규칙을 알려준다.
- "친구 몸은 허락 없이 보면 안 돼."
  → 몸의 경계, 사적 공간의 개념을 간단히 설명한다.

- "남자와 여자가 쉬할 때 다른 건 자연스러운 거야."
  → 그 차이를 '이상한 것'이 아니라 '다양한 것'으로 풀어준다.

가장 중요한 건, 성별에 대한 왜곡된 의미를 붙이지 않는 것이다. 아이들이 "나는 서서 싸고 싶은데."라며 아빠를 흉내 낸다고 해서 성정체성을 걱정할 필요는 없다. 그건 그저 '해보고 싶은 마음'과 '몸에 대한 궁금증'이 겹친 행동일 뿐이다. 쉬하는 모습을 따라가고, 보고 싶어 하고, 몰래 문을 열고, 친구의 자세를 따라 해보는 일. 이 모든 건 아이들이 지금 '내 몸과 네 몸은 어떻게 다를까?' '어떻게 해야 하는 걸까?'를 배워가는 과정 중 일부다.

화장실 따라가기는 잘못된 놀이가 아니다. 경계와 예의를 배울 수 있는 아주 좋은 기회다. 그 기회를 놓치지 않으려면, "하지 마!"보다 먼저 "그게 궁금했구나."라고 말해줄 수 있어야 한다. 아이는 묻고 있다. 말로는 못 하지만, 몸으로 묻고 있다.

"다른 친구는 어떻게 쉬해요?" "나는 왜 이렇게 생겼어요?" 그 질문 앞에서 어른이 놀라기만 한다면, 아이는 결국 혼자 궁금해하고 혼자 결론 내리게 된다.

똥은 성교육의 시작

"지율아, 똥쌌니?"
"아니야~"
"아니긴~ 이리 와, 기저귀 갈자!"
"아니야~"

이렇게 '똥 싸고 줄행랑' 치는 아들을 잡으러 집안을 누비던 그 순간이 떠오른다. 걸음마도 막 뗀 만 1세, 자기 의사를 뚜렷이 표현하기 시작하면서 기저귀 가는 일은 순식간에 필사의 줄타기가 되어 버린다. 불편할 텐데? 싶었지만, 아이는 똥 싸고도 어깨 쫙 폈다! 표정은 마치 금메달 획득 직후 같다.

어른들 눈엔 그저 더럽고 냄새 나는 재난 현장이지만, 아이들에겐 세상을 다 가진 찬란한 순간이다. "내가 해냈다!" 싶은 쾌감은 곧 자존감 폭발의 서막. 똥 한 덩이가 자기 효능감을 터뜨릴 수 있는 시기가 바로 영유아기다.

문제는 이 감동의 순간을 어른들이 너무 쉽게 날려버린다는 거다. "어머 더러워!", "냄새나!", "빨리 치워야지!" 하며 아이의 똥을 마치 재난 현장 대처하듯 급하게 변기 속으로 보내버린다. 기저귀를 갈 때도, 아이 눈엔 '내가 만든 작품'인데 엄마 아빠 표정은 거의 범죄 현장

수사관 수준이다. 아이 입장에선 황당하다. '이거 좋은 거 아니었어? 나 방금 진짜 잘했는데?' 이 자랑스러움이 순식간에 무력감으로 바뀐다. 그리고 그렇게 처음으로 느낀 '몸에서 느낀 쾌감이 부정당한 경험'은 아주 깊이 남는다.

이건 단순히 배변 훈련의 문제가 아니다. 몸에 대한 감각을 느끼고, 표현하고, 수용 받는 이 첫 경험이 바로 성교육의 시작이기도 하다. '기분 좋다', '시원하다', '짜릿하다', '간질간질하다', '묘하다'… 이런 감각은 모두 성 감각과도 연결된다.

성적인 쾌감은 뜬금없이 찾아오는 게 아니라, 바로 이런 몸에 대한 긍정적인 경험에서 시작되는 것이다. 그런 의미에서 아이의 똥은 단순한 배설물이 아니다. 내 몸을 인식하고, 느끼고, 표현하는 가장 원초적인 훈련이며, 아이 스스로 몸을 통제하고 조절할 수 있다는 자기 효능감의 출발점이다.

그래서 아이들은 똥을 누고 방귀를 뀌는 걸 즐기고, 그걸 주제로 한 이야기나 놀이에 푹 빠져든다. "방귀대장 뿡뿡이"가 국민 캐릭터가 된 데엔 다 이유가 있다. 뿌지직 소리 하나에 빵빵 터지는 이 쾌감! 몸에서 나는 소리와 감각을 숨기지 않고 웃고 즐기고 나누는 것, 그건 단지 재미가 아니라, 내 몸을 부끄럽지 않게 여기는 첫 연습이다. 이 시기에 우리는 아이에게 이렇게 말해줘야 한다.

"잘했어! 그만큼 힘줬구나~ 얼마나 시원했니?"
"우와, 너 진짜 스스로 해낸 거네!"

이런 반응이 쌓이면, 아이는 '내 몸은 기분 좋은 경험을 할 수 있는 멋진 곳이구나', 그리고 '그런 감각을 말해도 괜찮은 거구나' 배우게 된다. 이게 바로 성 감각의 긍정적인 인식이다.

반대로 똥을 쌌다고 꾸중 듣고, 방귀 뀌었다고 창피함을 느끼고, 몸에서 나는 감각을 '부끄러운 것'으로 배운 아이는, 훗날 자신에게 일어나는 성적인 감정과 쾌감에 대해서도 똑같이 느낀다. 숨기고, 무시하고, 왜곡한다. 바로 이 지점이 우리가 말하는 왜곡된 성 감각의 씨앗이다.

그러니 아이가 "나 똥 쌌어!" 하고 외칠 때, 그건 단순한 보고가 아니라 "나 몸을 잘 쓰고 있어요!" 하는 자랑일 수도 있다. 배변 훈련은 곧 몸의 훈련이고, 몸을 대하는 방식은 곧 성을 대하는 태도다.

똥은 그냥 똥이 아니다. 아이에게는 기쁨이자, 자존심이며, 몸과 감각, 쾌감에 대해 처음 배우는 건강한 시작이다. 우리가 그걸 소중히 다뤄주는 순간, 행복한 성은 이미 시작된 것이다.

왜 소중하냐고? 그건 말이지...

"소중하니까 팬티를 입는 거야."

이 말은 아마 대한민국 부모라면 몇 번씩은 해 봤을 것이다. 놀이터에서 바지가 벗겨진 아이에게, 욕실 문에서 알몸으로 튀어나오는 아이에게, 어디서든 팬티가 사라지는 순간엔 늘 이 말이 따라붙는다.

"소중하니까 가려야 해.
"소중하니까 너만 봐야 해."
"소중하니까 만지면 안 돼."

소중하니까, 소중하니까, 소중하니까… 그런데 이 '소중하니까'가 아이에게 도대체 어떤 의미로 들릴까? "이게 아기 낳는 데니까." "이건 병균 들어가는 곳이니까." 이런 설명도 뒤따르곤 하지만, 아이는 묻는다.

"근데 나는 아기 안 낳는데요?"
"그럼 코는 병균 들어가는데 왜 안 가려요?"
"배꼽은 뭐예요, 그건 왜 소중하지 않아요?"

질문은 아주 논리적인데, 대답은 점점 추상적이고 막연해진다. 결국 말문이 막힌 엄마는 이렇게 말하게 된다. "그냥! 엄마가 소중하다고 했으니까 그런 거야."

어딘가 엄마의 말투에서 "거기 더 이상 캐묻지 마라"는 정서가 느껴진다그런데 정말 아이에게 이 말을 어떻게 해줘야 할까? 왜 소중한지 물어보는 아이에게, '아기 낳는 데'라는 말 말고, '네가 커서 쓰게 될 곳이야'라는 막연한 말 말고 지금 이 순간, 이 아이가 납득할 수 있는 말로 대답한다면 뭐가 좋을까?

"그 부위는 네 몸 중에서도 기분을 아주 잘 느끼는 곳이야. 그래서 다른 사람이 함부로 만지면 깜짝 놀라고, 싫고, 속상할 수 있어. 그 기분을 지키기 위해 우리가 옷을 입는 거야."
"그럼 엉덩이도요?"
"응, 엉덩이도!"
"겨드랑이도요?"
"겨드랑이는 좀 다르긴 한데… 일단 그것도 네 거니까 보호하자."

우리는 결국 아이에게 말한다. 네 감각은 네 거야. 그리고 그 감각을 소중히 여기는 건 네 마음을 지키는 일이야. '소중하다'는 건 사실 기능적으로 중요해서가 아니라, 지금 너한테 어떤 기분을 주는지, 그걸 너만 느낄 수 있기 때문이라는 관점으로 설명해 줄 수 있다.

"너만 기분 좋은 느낌을 아는 곳이라서 그래. 다른 사람이 함부로 만지면 너는 싫고, 부끄럽고, 이상할 수 있어. 그걸 설명하기 어려우면 그냥 '기분 나빠!'가 되는 거고, 그래서 너만 다룰 수 있는 거야."

그러니까 소중함은 어른들이 생각하는 '나중에 중요한 기능'보다 지금 이 아이가 자기 몸에 대해 기분 좋고 안전하게 느낄 수 있는가와 더 깊이 관련돼 있다.

그리고 성기만 소중한 게 아니라는 것도 잊지 말아야 한다. 우리는 왜 눈에 뭐가 들어가면 "아야!" 하면서 금세 닦아주고, 무릎이 까지면 "여기 얼마나 아팠어!" 하면서 안아주면서, 성기에 대해서만 갑자기 묘한 침묵과 금기를 들이대는 걸까? 소중하다는 말은 부끄럽게 숨기라는 말이 아니라, 내가 느끼는 감정을 내가 지킬 수 있도록 도와주겠다는 약속이어야 한다.

"왜 소중하냐고? 그건 네가 너만의 기분을 느낄 수 있는 곳이기 때문이야. 그리고 네 기분은 세상 그 무엇보다 중요하니까."
"그럼 엄마 기분도 중요해요?"
"당연하지!"
"그럼 엄마 팬티도 소중해요?"
"그럼, 많이… 아주 많이 소중하지."
우리 아이, 아주 정확한 개념을 익혀가고 있는 중이다.

유아의 가슴 집착, 따뜻하게 멈추기

사람이 북적이는 카페 한가운데. 엄마는 친구들과 이야기를 나누며 잠시 숨을 돌리고 있다. 그런데 옆자리에 앉아 있던 네 살 아이가 갑자기 엄마 품으로 파고들더니, 가방 사이를 헤치듯 옷 안으로 손을 '쑤욱' 넣는다. 순식간에 엄마의 가슴에 손이 닿는다. 엄마는 놀라고, 친구들은 어색하게 웃는다. "얘가 왜 이래?" 하는 말로 넘겨보지만, 속은 뜨끔하다. 아직 어린애인데, 왜 이렇게 부끄럽고 당황스러운 걸까? 이런 상황, 결코 드물지 않다.

아이에게 엄마의 가슴은 단지 신체의 일부가 아니다. 모유 수유를 했던 아이라면 더더욱 그렇다. 젖을 먹고, 품에 안기고, 숨결을 느끼던 그 자리. 아이에게는 가장 안전했던 기억, 가장 따뜻했던 감각이 거기에 있다. 그래서 불안할 때, 피곤할 때, 어딘가 아쉬울 때 아이의 손은 본능처럼 그 기억을 찾아간다.

하지만 엄마는 점점 불편해진다. 아이도 크고, 사회적 시선도 무시할 수 없고, 무엇보다 "이 행동을 언제까지 허용해야 하지?" 하는 고민이 깊어진다. 그렇다고 "안 돼!", "이상한 행동이야!"라고 단호하게 잘라버리면 아이 마음엔 오히려 수치심이나 혼란이 생기기 쉽다. '내가 뭘 잘못했지?' '엄마가 나를 싫어하나?'

애정의 표현이었을 뿐인데, 아이는 거절을 상처처럼 받아들일 수 있다. 그래서 필요한 건 거절이 아니라 전환, 금지가 아니라 존중을 배우는 기회다. 아이가 가슴을 만지려 할 때, 엄마는 이렇게 말할 수 있다.

"엄마는 지금 좀 불편해. 가슴은 누가 만지면 불편한 곳이야. 다른 사람이 불편한 곳은 만지지 않는 게 우리 약속이야."
"엄마 팔은 괜찮아. 팔을 잡아볼래?"
"손잡는 건 엄마도 좋아. 우리 손잡자."

이렇게 말하면 아이는 당황하지 않고, 자신이 존중받고 있다는 느낌도 받는다. 그리고 동시에 엄마도 누군가에게 편하거나 불편한 감각이 있는 존재라는 걸 알게 된다. 감각을 나누고 조율하는 법을 배우는 것, 그게 바로 존중이다. 그리고 약속을 지켰을 땐 꼭 말해주자.

"엄마가 말했을 때 손으로 바꿔줘서 고마워."
"약속 잘 지켜줘서 엄마도 기분이 좋아."
"엄마가 존중받는 기분이 들어. 불편하지 않게 해줘서 정말 고마워."

이 짧은 피드백이 아이 마음에 남긴 흔적은 오래 간다. '내가 좋은 선택을 했구나.' '엄마도 나처럼 감정이 있구나.' '서로를 불편하게 하지 않는 게 중요한 거구나.'

아이는 그렇게 존중을 배운다. 유아의 가슴 집착은 대부분 감정적인 안정이나 애착의 표현이다. 절대 부정적인 행동이 아니다. 그래서 더더욱 금지하거나 부끄러워할 일이 아니라, 건강한 관계 전환의 기회로 삼아야 한다. 가슴이라는 부위를 감정의 도구로 사용했던 아이가, 이제는 손을 잡고, 포옹하고, 대화를 통해 연결되는 법을 배워야 한다. 그걸 가장 자연스럽게 도와줄 수 있는 사람은, 바로 엄마다.

"엄마는 소중해. 너도 소중해. 그래서 우리 서로를 불편하지 않게 대하는 거야."

이 말 한마디면 충분하다. 거절이 아닌 초대, 단절이 아닌 전환. 그렇게 우리는 아이에게 성의 시작을 알려줄 수 있다.

유아자위 : 그 손을 혼내지 마세요

　낮잠 시간이었다. 이불을 덮고 누워 있던 아이가 조용히 손을 움직이고 있었다. 그 움직임은 천천했고, 집중한 표정은 낯설 만큼 평온했다. 순간 멈춰 선 채로 아이를 바라보다가, 나는 조용히 문을 닫았다. 많은 부모들이 언젠가 한 번쯤 마주하는 장면. 하지만 그 앞에 서면 마음속은 복잡해진다. 이게 어떤 의미인지, 지금 무슨 말을 해야 하는지, 아무 말도 꺼내지 못한 채 그저 시간이 지나가기를 바라게 되는 순간.

　이런 행동을 처음 마주한 부모는 '자위행동'이라는 말이 먼저 떠오른다. 그러나 그 단어는 낯설고, 어쩐지 불편하다. '자위'라는 말에 담긴 사회적 이미지가 무겁기 때문이다. 어른이 되어 만나는 그 단어를 아이에게 붙이는 것 자체가 거리감으로 다가온다. 하지만 유아기 자위는 성인의 성적 행동과는 전혀 다른 결을 가지고 있다. 감각을 탐색하고, 편안한 자극을 느끼며 스스로를 안정시키는 몸의 움직임일 뿐이다. 어떤 자극이 자신에게 좋은지를 알아가는 과정이기도 하다. 즉, 우연한 쾌감의 반복이거나 스트레스 해소 방식일 수 있다. 이 시기 아이들은 몸의 감각을 통해 자신을 이해하고 안정감을 찾는다. 그 자체가 잘못된 것도, 부끄러운 것도 아니다.

　졸릴 때, 몸이 이완될 때, 무료할 때, 아이는 종종 팬티 안으로 손을 넣는다. 무언가를 만지작거리는 그 감각이 '좋다'는 걸 몸이 먼저 기억한다. 이건 특별한 아이만의 일이 아니라, 많은 아이들이 겪는 자연스러운 시기다. 그럼에도 불구하고 대부분의 부모는 당황한다. 혹은 놀라서 급하게 제지하거나 혼내게 된다. 이때 아이의 머릿속엔 어떤 문장이 남을까. '이건 하면 안 되는 거였구나.' '엄마가 알면 안 되는 일이구나.' '내가 뭔가 잘못한 걸까.' 그렇게 자기 감각을 설명할 기회를 잃은 아이는, 그 감각을 은밀하게 반복하거나, 스스로 숨기게 된다.

이럴 때 필요한 건 당장의 개입이 아니라 천천히 아이를 이해하려는 마음이다. 아이가 그런 행동을 보였을 때, 우선은 조용히 기다려본다. 그리고 행동이 멈춘 뒤, 아이에게 물어볼 수 있다.

"조금 전에 뭐 하고 있었어?"
"기분은 어땠어?"
"불편한 데가 있었니, 아니면 간지러웠어?"

이렇게 감각을 물어보면, 아이는 놀랍도록 정확하게 대답한다.

"기분이 좋아서 계속 만졌어."
"따뜻한 느낌이 들었어."
"손이 시원했어."

이 대답들을 있는 그대로 받아줄 수 있다면, 아이는 스스로의 몸을 '문제'가 아닌 '자연'으로 기억할 수 있다. 그리고 나서 이렇게 덧붙여 줄 수 있다.

"그럴 수 있어. 그런데 그런 건 혼자 있을 때 조용한 곳에서 하는 게 좋아."

단 한 줄이면 충분하다. 아이는 금세 그 말을 받아들이고, 다음부터 다르게 행동할 수 있다. 간혹 이런 행동이 반복되거나, 하루에도 여러 번 자주 나타나는 경우가 있다. 그럴 때 부모는 불안을 느낀다. 혹시 이상한 걸 본 건 아닐까, 성적으로 예민한 건 아닐까, 문제가 생긴 건 아닐까. 걱정은 커지고, 통제하고 싶은 마음도 강해진다.. 아이가 이런 행동을 자주 보인다면 먼저 몸과 환경을 함께 살펴보는 게 좋다. 속옷이 너무 꽉 끼거나, 피부가 간지럽거나, 앉은 자세가 불편한 경우에도 손이 간다. 혹은 기생충 감염이나 염증처럼 몸의 불편함이 원인일 수도 있다. 이럴 때는 "몸이 간지럽니?", "따갑거나 아픈 데가 있니?" 하고 차분히 물어보자. 필요하면 병원 진료를 통해 불편함을 해결해 주는 것이 먼저다.

그리고 아이를 통제하고 행위를 멈추게 하는 대신 관찰해보자. 이 시기 아이들의 자위행동은 대부분 일정한 '패턴'을 따라 반복된다. 그 패턴을 알게 되면, 부모는 이 행동을 억제하는 대신 예측하고 조율할 수 있다.

예를 들어 어떤 아이는 잠자기 직전 이불 속에서 손을 움직이고, 어떤 아이는 낮잠에서 깨고 나면 팬티를 만지작거린다. 또 어떤 아이는 오랜 시간 영상을 보고 나면 자극이 누적된 상태에서 자위 행동을 보인다. 동적인 활동이 끝난 후 힘이 빠졌을 때도 그런 행동이 나타나기도 한다. 이처럼 정서 상태나 환경 조건에 따라 자위행동은 비교적 일정하게 반복된다. 그리고 이 흐름을 한 걸음 뒤에서 지켜보면, 부모는 자위 전 상태를 알아차릴 수 있게 된다.

그 시점을 알게 되면, 행동이 시작되기 전 긍정적인 놀이 개입을 할 수 있다. 잠자기 전엔 따뜻한 목욕이나 함께 누워 책 읽기 시간을 갖고, 낮잠 직후엔 간단한 몸 풀기 활동이나 블록 놀이로 전환하고, 영상 시청 이후엔 조용한 미술 놀이나 감각 자극을 줄 수 있는 활동으로 이끌 수 있다. 이러한 개입은 통제가 아니라 '리듬을 바꿔주는 일'이다. 감각을 빼앗는 게 아니라, 다른 감각으로 연결해주는 부드러운 전환이다.

그렇게 반복되다 보면 아이는 자위행동을 대체할 새로운 안정 방식을 익히고, 행동도 자연스럽게 줄어들게 된다. 억지로 끊으려 하지 않아도, 몸은 새로운 패턴을 기억하게 된다.

물론, 시간이 오래 걸릴 수도 있다. 당장 줄지 않을 수도 있고, 어느 날 또다시 반복되기도 한다. 하지만 대부분은 별다른 개입 없이도 아이가 자라며 서서히 사라진다. 몸을 더 잘 알고, 감정을 더 많이 느끼게 되면서 아이는 다른 방식으로 자기 감각을 조율하게 된다. 그 과정을 조급하게 끌어내려 하기보다, 아이의 리듬을 인정해주는 일이 더 먼저일 것이다.

어떤 부모는 그 시간이 더디게 느껴질 수도 있다. 아이가 이상한 건 아닐까 걱정되기도 하고, 누군가에게 들키기라도 할까봐 조마조마해지기도 한다. 하지만 그럴수록 조금 더 여유를 가졌으면 한다. 대부분의 자위행동은 사라진다. 그렇다고 해서 꼭 사라져야만 안심할 일도 아니다. 감각을 조절하는 방식은 아이마다 다르고, 그것을 몸으로 배워나가는 과정은 빠르거나 느리다고 해서 정답이 없다.

아이의 몸은 본능적으로 스스로를 위로할 줄 안다. 우리는 그 본능을 막기보다는, 곁에서 이해할 수 있어야 한다. 감각은 곧 감정이고, 감정은 관계 속에서 표현된다. 자기 몸을 어떻게 느끼고 말할 수 있느냐는, 결국 그 아이가 살아갈 세상과 맺을 첫 관계의 언어이기도 하다. 그리고 그 언어가 부끄럽지 않게 시작될 수 있도록, 지금 이 순간, 우리가 먼저 부드럽게 문을 열어주기를 바란다.

같이 놀고 싶은데 자꾸 만져요 : 경계 교육
– 또래 간 신체 접촉, 어디까지 괜찮을까?

"선생님, 은우가 자꾸 내 엉덩이 만져요!"

5세 나율이는 인형 놀이를 하다가 울먹이며 선생님에게 달려왔다. 옆에서 놀던 은우는 당황해서 고개를 푹 숙인다.
"그냥… 만진 거 아니고… 귀여워서…"

순간 교실 공기는 어색해진다. 놀다가 생긴 일인가? 장난인가? 혹시…?

유치원이나 어린이집에서 자주 벌어지는 장면이다. 아이들은 아직 '사적인 공간'이나 '성적인 접촉'이라는 개념이 명확하지 않다. 그렇다고 아무 접촉이나 다 허용해야 할까? 아니다. 아이들이 하는 모든 행동에는 신호가 있고, 우리는 그걸 놀이라는 언어 속에서 읽을 줄 알아야 한다.

아이들의 몸 놀이는 성이 아니라 '감각'이다. 아이들은 신체를 통해 세상을 배운다. 손을 잡고, 등을 밀어주고, 뽀뽀하고, 껴안고, 때로는 엉덩이를 툭 치기도 한다. 이 모든 행동은 대부분 '함께 놀고 싶은 마음'에서 비롯된다. 그렇지만 어떤 아이는 불편함을 느낀다. 그리고 그 불편을 말했을 때, 그 순간부터는 그 행동은 멈춰야 한다. 놀이와 폭력, 장난과 불쾌감. 이 두 가지의 경계는 정해진 기준이 아니라, 상대의 감정을 기준으로 한다.

- "싫어"라고 말했는데도 반복된다면 → 장난이 아니다.
- 웃고 있다가 울기 시작했다면 → 선을 넘은 것이다.
- 다수가 웃고 한 아이만 조용하다면 → 관찰이 필요하다.

아이들은 아직 감정을 말로 다 표현하지 못한다. "싫어요!"보다 더 자주 쓰는 신호는 '얼굴', '몸짓', '뒤로 물러서는 태도'다.

"하지 마!"는 배워야 하는 문장이다. 아이에게도 '경계선'은 가르쳐야 한다. 아이들 사이에서 자주 일어나는 접촉에 대해 "그건 나빠!" "하지 마!"라고 막는 대신, 이렇게 구체적으로 알려줄 수 있다.

"친구 몸을 만지고 싶을 땐, 먼저 물어봐야 해."
"친구가 싫다고 하면 멈추는 게 예의야."
"장난이어도, 친구가 싫으면 하지 않는 게 규칙이야."
"손은 인사하거나 도와줄 때 쓰는 거야."

반대로, 아이가 당했을 때도 "그만해 줘.", "싫어요!", "나는 안하고 싶어."를 또박또박 말하는 연습이 필요하다. '참는 아이'가 착한 게 아니라, '말할 수 있는 아이'가 존중받는 사회라는 걸 알려주는 성교육이다.

✅ 어린이집/유치원에서 자주 나오는 상황 3가지

1. 엄마 아빠 놀이하면서 이불 덮기

놀이는 좋지만, 속옷을 벗기거나 성기를 만지는 시도는 중단해야 한다.

→ "그건 엄마 아빠만 하는 거고, 아이들은 따라 하지 않아도 돼."

→ "놀이는 하되, 속은 안 보여주는 걸로 하자." 선을 그어준다.

2. 엉덩이 때리기 장난

반 친구들끼리 '엉덩이 툭툭'이 유행처럼 번지기도 한다.

→ "등은 괜찮지만, 엉덩이나 가슴, 성기 쪽은 손대지 않기." 규칙을 알려줘야 한다.

3. 뽀뽀, 껴안기 과잉 애정 표현

친밀함을 표현하는 방식이 과도해지는 경우가 있다.

→ "좋아해도 가까이 가기 전에 물어보는 거야. 그게 진짜 멋진 친구야."

부모와 교사의 반응이 아이의 감각을 만든다. 아이들은 어른의 표정을 먼저 읽는다. 그래서 성급하게 혼내거나 과장해서 놀라거나, 혹은 "그럴 수도 있지" 하고 넘겨버리는 것도 아이에겐 신호. 중요한 건 균형 잡힌 반응이다.

"지금은 놀다가 생긴 일이지만, 친구가 싫다고 하면 멈춰야 해. 그리고 다음엔 어떻게 말하고 시작할까?"

부끄러운 일이 아니고, 그냥 배우는 과정이라는 태도로 안내해야 아이도 '성'을 '문제'가 아닌 '감각'과 '존중'으로 받아들인다.

✓ 함께 알아야 할 부모 가이드

- "얘가 왜 이래?" 대신 "이럴 땐 어떻게 설명해 줄 수 있을까요?"
- "싫다고 말해도 돼."는 집에서도, 놀이 중에도 반복적으로 알려주기
- 아이가 "친구가 만졌어."라고 말하면 놀라지 않고 "그때 기분이 어땠어?"로 시작할 것

→ 유치원에 바로 항의하기보다, 아이의 감정부터 확인

쫄지마, 엄마 아빠. 우리 아이가 만졌다는 것도, 우리 아이가 만졌다고 들었다는 것도 다 배우는 과정일 뿐이다. 몸과 놀이 사이, 경계와

감정 사이, 아이들이 길을 잘 찾을 수 있도록 부모와 교사가 먼저 단단한 표지판이 되어주면 된다.

아빠랑 같이 씻고 싶어요
- 부모와의 목욕 분리 시기

욕조 안에 장난감을 띄워놓고 아이와 함께 물놀이하던 그 시절이 있었다. 거품으로 왕관을 만들어 머리에 올려주고, 작은 발을 씻기며 "우리 아기 참 잘 컸네." 하던 그 평화롭고 소중한 순간들. 그 시간이 너무 따뜻하고 소중했기에, 이제 그만해야 할 때가 되었다고 느껴져도 선뜻 말이 떨어지지 않는다.

아직 함께 씻는 게 당연하다고 생각하는 아이의 눈을 마주하고 있으면, 이 평범한 일상에도 변화가 필요하다는 걸 어떻게 전해야 할지 막막해진다. 하지만 아이는 자라고 있다. 어느 날 문득 엄마의 몸을 유심히 바라보거나, "아빠는 왜 거기 털이 있어요?" 같은 질문을 툭 던지며 자기 몸과 타인의 몸을 구분하기 시작한다.

그 순간은 당황스럽지만, 사실 반가운 신호이기도 하다. 아이 안에서 '몸'에 대한 감각이 자라나고 있다는 뜻이니까. 보통 빠르게는 만 3세부터 시작되며 보편적으로는 만 4세 시점으로 잡고 있다.

특히 엄마와 아들, 아빠와 딸처럼 성별이 다른 조합의 경우엔 아이가 신체 차이를 더 민감하게 느끼기 시작할 수 있다. 그럴 땐 갑자기 끊기보다는 "이제는 몸이 달라서 따로 씻는 게 좋아."라고 차분히 말해주면 된다. 아이는 '다르다는 이유'보다 '존중받고 있다는 이유'를 듣고 싶어 하니까.

그럴 때 부모가 해줄 수 있는 말은 "이제 너도 혼자 씻을 만큼 컸구나."와 함께, 한 걸음 더 나아가 이렇게 말해줄 수 있으면 좋겠다.

"너를 존중하기 때문이야."
"이제 너의 몸은 더 이상 엄마 아빠 마음대로 볼 수 있는 게 아니야."
"그만큼 네 몸이 중요하다는 걸 알려주고 싶어서 준비하는 거야."

이 말은 단지 '분리하자'는 통보가 아니라, '네가 스스로 존중받아야 할 존재라는 걸 알려주는 과정'이 된다. 몸의 분리는 갑자기 찾아오는 게 아니다. 평소 목욕 시간 중에 아이가 부끄러워하거나, 혼자 씻고 싶어 하거나, 부모의 몸을 바라보는 시선이 달라질 때, 그게 바로 '이제 준비할 때'라는 신호다. 그 신호를 읽은 부모는 이렇게 말할 수 있다.

"이제 네가 혼자 씻을 수 있을 만큼 멋지게 자랐어. 엄마(아빠)도 네 몸을 소중히 여겨야 하니까 이제는 너 혼자 씻는 시간을 가지는 거야. 우리가 널 함부로 보면 안 되는 거, 엄마 아빠도 알아야 하잖아."

이렇게 말해주면, 아이는 "나를 혼자 두려는 거야?"라고 느끼는 게 아니라 "내가 존중받고 있구나."라는 감각을 갖게 된다.

몸의 분리는 사랑이 끝나는 게 아니라, 사랑의 방식이 달라지는 것이다. 함께 씻던 시간이 더 이상 불편해지기 전에, 엄마 아빠가 먼저 부드럽고 당당하게 이야기해 주는 게 좋다. 물론 아이가 "싫어, 같이 씻고 싶어."라고 말할 수도 있다. 그럴 땐 이렇게 이야기해 보자.

"엄마(아빠)도 너랑 같이 씻는 거 정말 좋았어. 하지만 이제는 너의 몸을 더 소중하게 지켜주는 게 엄마 아빠가 해야 할 일이야. 너도 혼자 씻을 수 있을 만큼 자란 거니까, 정말 멋진 일이야."

이렇게 말해주는 부모를 보며 아이는 혼자 씻는 일이 서운한 게 아니라 스스로 '대단한 일을 시작한 것'처럼 느낄 수 있다. 그 감각은 아이의 자율성과 자존감을 동시에 키워주는 기초가 된다. 성교육은 어려운 말이나 민감한 설명에서 시작되지 않는다.

"너를 존중하기 위해서 이젠 엄마 아빠도 경계를 지켜줄게."

우리가 아이에게 해주는 이 변화의 말이 아이의 몸을 지키는 첫 울타리가 될 수 있다. 그리고 그 울타리는, 무엇보다도 사랑에서 시작된다.

✅ 목욕 분리 TIP, 이렇게 시작해요
'완전 분리' 전에 필요한 다정한 과도기가 필요하다.

아이에게 "이제부터 혼자 씻어!" 하고 갑자기 맡기긴 어렵다. 아직 씻는 게 서툴고, 씻는 동안의 애착감도 여전히 중요하다. 그래서 아이가 불안하지 않도록 '조금씩 분리하는 연습'을 함께하는 과정이 필요하다.

✔ 추천하는 과도기 씻기 방법 4단계
1. 함께 들어가되, 역할 나누기

"이제는 엄마는 물 안 묻히고 너만 씻는 연습해 보자."
- 엄마/아빠는 옷을 입고 아이 씻기
- 아이는 팬티나 수건을 감싼 채 씻기
- 포인트 : 물리적 거리보다 '너만의 씻는 시간'이라는 인식을 심어주기

2. 부모는 밖에서, 문은 열어두기

"엄마는 여기 있으니까 불러도 돼!"
- 아이가 혼자 씻되, 욕실 문은 살짝 열어두고 부모는 바로 밖에서 대기하기
- 아이에게 '혼자지만 안전하다'는 신뢰감을 준다.

3. 씻기 끝나고 점검 놀이

"오늘 어디 어디 잘 씻었나~ 점검 요정 출동!"

- 직접 씻게 한 후 함께 점검하며 격려하기
- 칭찬 포인트는 '혼자 해낸 것', 완벽한 청결은 나중에!

4. 완전 독립 후에도 '안부 대화' 유지하기

"혼자 씻고 나면 어때?" "오늘 물 온도 괜찮았어?"

- 씻기 전후 간단히 이야기 나누기
- 혼자 씻는 시간이 고립이 아니라 독립이라는 인식을 심어줌

"너를 밀어내는 게 아니야, 너를 믿고 기다려줄게"라는 마음이 느껴지도록 부모의 말과 태도를 함께 담아내면 아이는 씻는 시간에서도 자기 몸을 지키는 자율성과 존중감을 키울 수 있다. 혼자 씻는 것도 성교육의 일부. 그리고 그 시작은 아주 사소한 한마디에서 시작된다.

"우와, 이제 너만의 목욕 시간이 생겼네? 진짜 멋지다!"

감각을 인정받는 아이, 성에 쫄지 않는다
– 성교육의 시작은 몸의 감각을 존중하는 것부터

인간은 감각과 감정으로 세상을 받아들인다. 눈으로 보고, 귀로 듣고, 손으로 만지고, 입으로 맛보고, 코로 냄새 맡는다. 이 오감각은 태어나는 순간부터 작동하며, 우리가 세상을 이해하고 관계 맺는 첫 언어가 된다. 그 감각에 따라 마음이 반응한다. 기쁘고, 화나고, 슬프고, 즐겁고, 사랑하고, 미워하고, 욕망한다. 일곱 가지 기본 감정, 희노애락애오욕은 모두 내 안에서 느껴지는 자연스러운 반응이다.

이 감각과 감정은 누가 가르친 것도 아니고, 논쟁의 대상도 아니다. 그저 '있는 그대로 느껴지는 것'이다. 하지만 많은 아이들은 이 '느낌'을 말할 수 있는 기회를 갖기 전에 그 감각이 틀렸다는 말을 먼저 듣는다.

"그게 뭐가 무섭니?"
"이게 짜증 날 일이야?"
"그건 슬픈 게 아니지."
"에이, 그 정도로 아프다고 해?"
"예민하게 굴지 마."

이런 말들은 대부분 아이의 감정을 부정하거나, 감각을 교정하려는 반응이다. 부모 입장에서는 큰 의도가 없었을 수도 있다. 그냥 위로처럼, 가볍게 흘리는 말이었을 수도 있다. 하지만 아이의 마음에는 다른 문장이 새겨진다.

"내가 잘못 느꼈나?"
"그런 걸 느끼면 안 되는 건가?"
"나는 너무 예민한 아이인가?"

감각을 인정받지 못한 아이는 자기 몸이 잘못된 것처럼 느낀다. 감정을 말했는데 반박당하면, 다음엔 말하지 않는다. 그리고 침묵이 쌓이면 신뢰가 무너진다. 무너진 신뢰는 아이가 진짜 위험해 처했을 때 부모가 그 순간을 지켜내지 못하는 수도 있다.

성교육은 정보를 주는 일이기도 하지만, 무엇보다 감각을 지켜주는 일이기도 하다. 아이의 감각이 "그럴 수 있어"라고 인정받을 때 몸을 감지하는 능력이 자라나고, 경계에 대한 감각도 세워진다.

"뜨거워."
"무서워요."
"싫어요."
아이가 이렇게 말할 때,

"그래, 그럴 수도 있지."
"어디가 무서웠는지 말해줄래?"
"엄마가 들어볼게."

이렇게 반응해 줄 수 있다면, 아이는 자기 몸과 감정이 존중받는 대상임을 느낀다. 감각을 인정받아야 감정이 다독여지고, 감정이 다독여져야 행동이 조정된다. 그 순서를 거꾸로 하면 부모는 잔소리를 반복하고, 아이는 마음속에 벽을 쌓는다.

"그건 그렇게 느낄 일이 아니야."
"그건 나중에 가르쳐줄게."
"지금은 얘기하지 마."

이런 말들이 반복될수록 아이는 '느낀다'는 것 자체를 불편하게 여기게 된다. 반대로, 감각을 인정받는 경험이 쌓이면 아이는 자신을 믿게 된다.

"내가 느낀 건 틀리지 않았구나."
"내 말이 귀 기울여지는구나."

"내가 불편하다고 말해도 되는구나."

이 자기 신뢰가 곧 자존감의 밑바닥을 단단하게 만든다. 그리고 이 신뢰가 쌓이면 몸의 변화 앞에서도 당황하지 않고, 누군가 다가와도 자신의 경계를 지킬 수 있게 된다.

요즘은 "어떻게 잘 들어줄 수 있을까"를 먼저 고민하는 부모들이 많아졌다. 그리고 그 고민이 아이에게는 커다란 울타리가 된다.

"네가 느낀 건 중요해."
"그 느낌을 말해줘서 고마워."

이런 문장이 반복될수록 아이는 자기 몸을 숨기지 않게 되고, 감정을 설명할 수 있게 된다. 그게 성교육이다. 그리고 그게, 쫄지 않는 부모가 시작하는 방식이다.

03장

말보다 감각 대화
: 부모와 아이의 일상 대화

영유아 부모를 위한 쫄지마 성교육

03장
말보다 감각대화

성은 가르치는 게 아니라, 함께 경험하며 나누는 것

아이 질문에 당황한 당신에게 필요한 한마디
- 질문 되돌려주기

"엄마, 아기는 어떻게 생겨?"
"아빠는 왜 쉬를 서서 해?"

순식간에 머릿속에 빨간 경고등이 켜지고, '이걸 지금 몇 살한테 어떻게 설명해야 하지?' 하는 멘붕이 시작된다.

아이들의 성에 관한 질문에는 '정답'이 없다. 굳이 말하자면 그때그때, 그 아이에게, 가장 알맞은 '적절한 반응'이 정답이다.

질문은 답을 원할 때만 하는 게 아니다. 많은 부모가 아이의 질문에 뭔가 똑 부러진 답을 줘야 한다고 생각한다. 그러나 아이들의 질문은 어른들과는 다르다. 아이들은 '무엇이 맞는지'를 알고 싶다기보다 '내가 한 생각이 괜찮은지', '엄마랑 이 얘기를 해도 되는지'를 시험하고 있는 경우가 많다. 그래서 부모가 똑 떨어지는 과학적 설명으로 답해주면, 아이의 상상 속에서 그려졌던 장면들이 한순간에 현실로 무너질 수도 있다.

예를 들어, 아이가 "아기는 어떻게 생겨?"라고 물었는데 "정자와 난자가 수정되어…"라는 과학 다큐멘터리 같은 답변이 돌아오면, 그 아이는 이렇게 생각할 수 있다.

'아… 그냥 꿈틀이 얘기하려고 했는데… 재미없어졌네…'

반대로, 아이가 진지하게 사실을 알고 싶은데 "응~ 사랑해서 생긴 거야, 마트에서 사는 건 아니지~" 같은 농담으로 넘기면, 아이로선 '엄마는 내 얘기를 대충 들어'라는 실망감이 생길 수도 있다. 자기 몸에 대해 어렴풋한 불편함을 느끼게 된다.

질문은 아이의 마음을 여는 열쇠다. 그러니 아이가 질문을 던졌을 때 그걸 바로 답하려 하지 말고, 먼저 그 질문이 어디서 시작되었는지를 따라가 보자.

"너는 왜 그렇게 생각했어?"
"그 얘기는 어디서 들었어?"
"너는 어떻게 생각해?"

이런 질문을 다시 던지면, 아이는 자신이 궁금했던 배경을 이야기하기 시작한다. 그리고 그 과정에서 아이의 성향이 보인다.

- 감각에 민감한 아이는 몸의 느낌에 관한 질문을 자주 한다.
- 관찰력이 좋은 아이는 일상에서 발견한 차이에 집중한다.
- 상상력이 풍부한 아이는 말도 안 되는 허구로 이야기를 시작한다.

이 질문의 배경을 들여다보는 것만으로도 우리는 아이가 어떤 스타일인지, 어떻게 느끼고 생각하는지 자연스럽게 알게 된다. 즉, 아이의 질문은 단지 '답'을 찾는 통로가 아니라, '아이 자신'을 더 깊이 이해할 수 있는 선물 같은 기회인 셈이다.

그리고 아이의 질문이 아무리 엉뚱하거나 어려워도, 우리가 모른다고 해서 실망할 필요는 없다. 그럴 때 아이와 함께 책을 찾아보거나, 어린이용 자료를 인터넷에서 함께 검색해 보는 것도 훌륭한 방법이 된다. 모르는 걸 함께 알아가는 이 과정 자체가, 아이에게는 지식보다 더 소중한 경험이 된다.

다만, 질문을 아이에게 되돌려줬을 때 "엄마, 내가 먼저 물어봤잖아!"라는 아이의 반응이라면 위험신호이다. 그건 아이가 '내 말이 자꾸 무시당한다'고 느낀다는 신호일 수 있다. 또는 항상 물음에는 답을 해야 한다는 일방 소통의 결과일 수도 있다.

그럴 땐 우선 우리 가정의 소통 방식을 돌아보자. 책의 초반에 이야기했듯이 성교육이든, 진로 교육이든, 훈육이든 가장 중요한 건 가족 간의 소통이 먼저이다. '내 말이 존중받고 있다'라는 기본 감각이 있어야 아이들은 비로소 더 깊은 질문을 던질 수 있게 된다. 그리고 그 질문 속에 담긴 진짜 궁금증을 드러내게 된다.

아이와 성 이야기를 나눌 때 우리가 명심해야 할 것은, 정답을 주는 사람이 되기보다 함께 질문을 나눌 수 있는 사람이 되는 것이다.

"너는 어떻게 생각해?"
"그건 어디서 본 거야?"
"그렇게 생각하니까 재밌네!"

이런 반응 하나하나가, 성교육의 문을 열어주는 따뜻한 신호가 된다.

왜 하면 안 돼? 사회적 약속 가르치기

"엄마, 왜 만지면 안 돼?"
"왜 옷을 벗으면 안 돼?"
"사람들 있는 데서는 왜 보여주면 안 돼?"

아이들의 이런 물음 앞에서 부모는 종종 말문이 막힌다. 그러면서 흔히 이런 식으로 답한다.

"그건 소중한 거니까."
"팬티 입는 부분은 중요해서 가려야 돼."
그런데 아이는 묻는다.

"그럼 내 얼굴은 안 소중해? 얼굴은 다 보이는데?"

부모는 그제야 당황한다. 단지 소중하다는 말이 설명이 되지 않는다는 걸 아이는 본능적으로 안다. 이럴 때, 꼭 하나 알려줘야 할 것이 있다.

"이건 우리 사회의 약속이야."라는 말이다.

수영장에서는 수영복을 입고 수영하는 게 약속이고, 목욕탕에서는 다 벗고 씻는 게 약속이고, 학교나 마트, 놀이터처럼 사람들이 오가는 곳에서는 옷을 입고 다니는 게 약속이다.

이건 감정이나 기분의 문제가 아니라 함께 사는 사회에서 정해놓은 규칙이라는 걸 알려줘야 한다. 너무 근사한 설명은 필요 없다. 우리는 아이에게 뭔가를 설명할 때, "그건 소중해서야.", "네가 상처받을까 봐." 같은 예쁘고 멋있는 이유를 자꾸 만들어내려 한다. 하지만 사실 ==아이는 명확하고 간결한 설명을 더 잘 받아들인다.==

"그건 약속이야."
"사회에서 정해놓은 규칙이야."
"모두가 건강하고 안전하게 살기 위해 만든 거야."

왜 사회적 약속이 중요할까? 성기를 만지거나, 벗고 다니거나, 다른 사람의 몸을 보려고 하거나 만지는 행동은 아이에게는 그냥 감각적이고 자연스러운 호기심일 수 있다. 하지만 이런 행동이 공공장소에서 반복되면 다른 사람에게 불쾌감을 줄 수 있고, 때로는 오해나 위험으로 이어질 수도 있다. 그래서 우리는 모두 함께 살기 위해 사회적 약속을 만든다. 성기를 누군가에게 보이거나 만지는 행동은 하지 말자는 약속을 통해 서로의 건강과 안전을 지키는 것이다. 감정은 옳지만, 행동엔 약속이 있다.

"나는 만지고 싶었어. 궁금했어."
"그래, 그 감정은 충분히 이해할 수 있어. 그런 감정을 느끼는 건 괜찮아. 하지만 화가 났다고 물건을 던지면 안 되는 것처럼, 궁금하다고 해서 친구 몸을 만지면 안 돼."

감정은 인정하되, 행동은 약속을 기준으로 정리하는 것. 이게 바로 성교육의 중요한 원칙이다. 부모가 이렇게 말해보자!

"네가 네 몸을 만지거나 보는 건 괜찮아. 하지만 다른 사람에게 보여주거나, 다른 사람의 몸을 허락 없이 만지는 건 우리 사회의 약속을 어기는 행동이야. 왜냐하면 그건 다른 사람을 불편하게 만들 수 있고, 모두의 건강과 안전을 위해 지켜야 하는 중요한 규칙이기 때문이야."

성교육은 관계 교육이고, 사회 교육이다. 성교육이라고 해서 성기나 자위, 출산 이야기에만 집중할 필요는 없다. 성교육의 본질은 결국 '나와 너의 경계를 배우고, 함께 살아가는 방법을 익히는 것'이다. 아이들에게 사회적 약속을 알려주는 것은 성교육의 한복판에 있는 일이다.

부끄러움이 아니라, 관계를 위한 배움. 금지가 아니라, 신뢰를 위한 규칙. 그렇게 아이는 조금씩 세상과 어울리는 법, 그리고 자기 몸을 존중하는 법을 배워간다.

아빠처럼 쉬하고 싶어요
- 따라 하고 싶은 마음, 이해하고 싶은 몸

"엄마, 나도 아빠처럼 서서 쉬하고 싶어." 4세 딸아이가 진지한 얼굴로 말했다. 손에 바지를 질끈 쥐고, 변기 옆에 당당히 선다. 엄마는 처음엔 웃음이 나다가도 순간 머릿속이 복잡해진다.

'이걸 어떻게 설명해줘야 하지?'
'혹시 성별에 혼동이 있는 건 아닐까?'

그날 밤, 엄마는 검색창에 이런 문장을 입력한다.

"여자아이가 아빠처럼 쉬하려고 해요."
"젠더 따라하기 아이"
"서서 쉬하는 아이 성정체성 문제?"

그러나 정작 아이는 그 어떤 '문제'도 없었다. 그저 한 번쯤은 해보고 싶었던 것이다. 궁금했으니까. 아빠는 늘 서서 쉬하니까. 이 시기의 아이들은 자신의 몸을 인식하면서 동시에 다른 몸은 어떻게 다른가를 탐색하는 시기에 있다.

성별을 구분하기보다, 비교하고, 흉내 내며, 스스로 확인하고 싶은 마음이 먼저인 시기다. 그러니까 "나도 아빠처럼 해볼래."는 정체성의 혼란이나 선언이 아니라 이런 물음표에 가깝다.

"서서 싸면 어떤 느낌일까?"
"나는 왜 앉아서 싸야 하지?"
"나도 한번 해보면 알 수 있지 않을까?"

실험이고, 탐색이다. 아이들의 방식은 언제나 직접적이다. 궁금하면 묻기보다 직접 해보는 쪽을 택한다. 어른들이 '성별'이라는 말에 예민해지는 순간, 아이의 탐색은 금세 경계의 언어로 바뀐다.

"너는 여자니까 앉아서 싸야지."
"남자들이나 서서 싸는 거야."
"너 그렇게 하면 안 돼."

아이는 그 말 속에서 '나는 뭔가 잘못했나?' '그런 생각을 한 내가 이상한가?' 하는 느낌을 받을 수 있다. 결국 몸을 탐색하는 시도가 수치심으로 덮이게 된다.

기억하자. 유아기의 성별 따라 하기는 혼란이 아니라 이해의 과정이다. 아이는 지금 내가 누구인지, 내 몸은 어떤지, 다른 사람과 나는 무엇이 다른지 그 모든 것을 경험으로 배우는 중이다.

성별을 따라 하는 것은 성 정체성을 부정하는 것이 아니라 비교를 통해 자기 성을 더 확실히 인식해 가는 방식이다. 대부분의 아이는 이런 탐색을 거쳐 자기 몸에 대한 편안함과 성 인식을 자연스럽게 형성한다. 그렇다면 부모는 어떻게 반응하면 좋을까?

- 신체 구조에 따른 자연스러운 차이를 알려주자.
    → "아빠처럼 해보고 싶었구나. 근데 여자 몸은 오줌이 나오는 구멍이 안쪽에 있어서 서서 쉬하면 불편해. 그래서 앉는 거야."

- 탐색 자체를 금지하거나 비난하지 않기.
    → "누구처럼 해보고 싶은 건 자연스러워. 궁금한 건 해보면서 알 수 있지."

- 차이를 존중하되, 중심은 '내 몸'에 맞추기.
    → "다양한 방식이 있을 수 있어. 하지만 네 몸에 가장 잘 맞는 방법을 함께 찾아보자."

이 시기 아이에게 중요한 건 '맞다/틀리다'가 아니라 '그럴 수 있다'는 여유다. 치마를 입고 싶어 하는 남자아이도, 아빠처럼 쉬해보려는 여자아이도 모두 정상 발달의 일부다. 성별을 실험하는 것이 아니라 자기를 완성해 가는 과정이다.

성교육은 구분 짓는 일이 아니다. 차이를 어떻게 설명해 줄 것인가, 그 차이가 왜 자연스러운지 알려주는 일이다. 아이가 나와 다른 몸을 궁금해할 때, 그걸 이상하다고 느끼게 하지 말고 "그래, 궁금할 수 있어."라고 받아주자. 아이는 지금 '나처럼'이 아니라 '나답게' 자라고 있다. 어른이 할 일은 결론을 내려주는 것이 아니라, 탐색을 마칠 수 있을 만큼의 시간을 허락해 주는 일이다.

남자인데 왜 치마를 입었지?
– 아이의 질문을 다름을 배우는 기회로

"엄마, 쟤는 남자인데 왜 치마 입었어요?"

놀이터에서 놀던 6살 준우가 갑자기 엄마의 옷자락을 잡아당겼다. 준우 엄마는 고개를 돌려 아이가 가리키는 곳을 봤다. 작은 몸에 민트색 원피스를 입은 또래 아이가 놀이터 미끄럼틀을 타고 있었다. 함께 있던 보호자는 평온했고, 아이 역시 당당하고 즐거워 보였다.

그런데 준우 엄마는 순간 머리가 하얘졌다. 이 짧은 질문에 어떻게 반응해야 하지? "요즘엔 남자도 치마 입어."라고 툭 내뱉기엔 뭔가 부족하고, "좋아하는 옷 입을 수도 있지."라고 넘기기엔 너무 가볍게 느껴졌다. 잠시 망설이다 이렇게 말했다.

"응, 어떤 사람은 바지를 좋아하고, 어떤 사람은 치마를 좋아해. 꼭 여자라서 치마 입고, 남자라서 바지 입는 건 아니야. 자기 마음이 편한 옷을 입는 거야."

준우는 고개를 갸웃하더니 말했다.

"그래도 이상해. 나 유치원에서는 그런 애 한 번도 못 봤는데."

준우의 그 말이 오히려 고맙게 느껴졌다. 아이의 이 질문은 편견이 아니라 낯섦에 대한 솔직한 반응이었기 때문이다. 그리고 이건 우리가 '다름'을 가르칠 수 있는 결정적인 타이밍이다.

"맞아. 이상하게 느껴질 수도 있어. 왜냐하면 우리가 그걸 많이 못 봤으니까. 근데 낯설다고 해서 틀린 건 아니야. 우리랑 다른 사람이 있어도, 그건 그냥 '다른 거'야. 틀리거나 잘못된 게 아니라."

그걸로 충분했다. 아이에게 정답을 주는 대신, 다름을 있는 그대로 바라보는 틀을 하나 건네준 셈이니까. 부모가 아이에게 성 감수성을 가르친다는 건, 그저 "남자도 핑크 좋아할 수 있어."라고 말하는 게 전부가 아니다. '그럴 수도 있지/로 다름을 가볍게 넘기지도 말아야 한다. 아이가 갖는 낯섦의 감정에 공감하면서도, 그 다름을 어떻게 이해할 수 있는지를 함께 짚어주는 대화 그게 진짜 감수성 교육이다.

우리는 때때로 '틀림'을 '다름'으로 바꾸는 말 한마디를 아이에게 줄 수 있다. 예를 들어 아이가 "왜 쟤는 공주 옷 입고 왔어요?"라고 물으면, "공주 놀이가 재밌어서 입었나 보다. 준우는 공룡 놀이 좋아하잖아. 사람마다 좋아하는 게 다르지?" 그럼 아이는 어느새 스스로도 '다름'을 구경하고 받아들이게 된다.

이건 '가르침'이 아니라 '태도'이다. 성별 고정관념을 깨는 것도 중요하지만, 그보다 먼저 해야 할 일은 '다양한 사람들을 있는 그대로 바라보는 시선'을 만드는 것이다.

아이가 누군가의 다름을 보고 질문할 때, 그건 우리에게 말 걸 기회다. 그리고 부모가 "괜찮아, 다를 수 있어."라는 태도로 반응해 준다면, 아이는 세상 속 수많은 다름을 더 당당하게 마주할 수 있게 된다. 다름은 불편함이 아니라 배움의 시작이고, 아이들은 그걸 스스로 알아갈 힘이 있다.

OOO이랑 결혼할 거야!
– 좋아하는 마음보다 더 먼저 배워야 할 것

"엄마, 나 유진이랑 결혼할 거야."

6살 아들이 밥을 먹다 말고 자신 있게 말했다. 표정은 진지했고, 손에는 하트가 그려진 편지가 들려 있었다. 유치원에서도 온종일 손을 잡고 붙어 다녔다고 했다.

"OO가 나 안 좋아해서 속상했어. 나만 좋아하면 어떡해?"

이런 말을 툭툭 던지는 걸 보면 자기가 느끼는 이 감정이 꽤 크고 진심인 모양이다. 요즘 아이들 사이에서는 '누가 누구를 좋아한다', '누구와 누가 결혼할 거다' 하는 말이 심심찮게 오간다. 어른들이 듣기엔 귀엽고 엉뚱한 표현이지만, 아이들에겐 그 나름의 진지한 감정 표현이다. 하지만 여기서 놓치지 말아야 할 건 그 감정의 진위보다, 감정이 관계 안에서 어떻게 흘러가고 있는가다. 한 아이는 친구를 좋아한다고 말하며 계속 따라다닌다. 같이 앉고, 같이 놀고, 하루에도 몇 번씩 고백한다.

하지만 다른 아이는 그걸 불편해할 수도 있다. 싫다고 해도 "왜? 난 널 좋아하는데?" 하며 계속 다가가기도 하고, 결혼하자는 말을 거절당한 날엔 눈물 찔끔 흘리며 상대가 자신을 미워한다고 받아들이기도 한다.

아이에게 좋아한다는 감정은 아직 너무 크고, 방향도 제멋대로다. 그래서 종종 '나의 감정'에만 집중하다 상대의 기분이나 경계를 놓치기도 한다.

"나는 유진이를 좋아하는데, 유진이는 나랑 안 놀아. 나를 안 좋아한대. 나만 좋아하면 되는 거 아냐?"

이 말 속에는 아이의 진심과 혼란이 뒤섞여 있다. 마음은 앞서가는데, 관계는 따라오지 않는다. 그러면 아이는 점점 '거절당했다'는 감정에 휩싸이고, 자신의 마음이 무시당했다고 느끼기도 한다. 이럴 때 부모의 말 한마디가 그 감정을 어떻게 소화하느냐를 결정짓는다. 이럴 땐 이렇게 말해볼 수 있다.

"음~ 엄마도 어릴 땐 너처럼 한 친구를 너무 좋아해서 쉬는 시간마다 따라다녔단다. 근데 그 친구가 혼자 책 읽고 싶어 하더라고. 그때 알았지. '좋아하는 마음이 아무리 커도, 가끔은 멀찍감치 있어 주는 것도 사랑이구나' 하고 말이야."

아이는 가만히 듣고 있다가 묻는다. "그럼… 그 친구는 엄마를 좋아했어?" "글쎄, 잘 모르겠어. 그래서 더 궁금했지만, 그냥 그 친구가 웃으면 그걸로 괜찮았던 것 같아."

이런 식의 대화는 아이에게 단순히 "넌 틀렸어."가 아니라 "네가 느낀 마음은 진짜야. 하지만 그걸 어떻게 전할지는 연습이 필요해."라는 메시지를 전달한다. 또 이런 식의 유쾌한 대화도 가능하다.

아이: "나 유진이랑 결혼할 거야."
엄마: "그럼 신혼여행은 어디로 갈 건데?"
아이: "제주도!"
엄마: "그럼 유진이한테 물어봤어? 같이 제주도 가고 싶대?"
아이: "음… 안 물어봤어."
엄마: "그럼 일단 좋아하는 친구한테 '같이 그림 그릴래?'부터 해보는 거 어때?"

이 대화 안에는 감정을 귀하게 여기되, 관계의 속도를 맞추는 연습이 담겨 있다. 좋아하는 감정은 아이에게 가장 먼저 생기는 '나만의 것'이다. 그래서 더욱 진심이고, 그래서 때로는 너무 가까이 다가가 상대를 놓치기도 한다. 하지만 그 감정을 부끄러워하거나 끊으라고 하기보다는, 조금 더 길게 바라보며 상대의 표정, 반응, 기분까지 함께 볼 수 있게 도와주는 것. 그게 진짜 '사랑'을 배우는 시작이다.

"좋아하는 건 자유지만, 좋아한다고 해서 뭐든 해도 되는 건 아니야."

관계는 감정이 아니라 존중으로 만들어진다. 아이도 그걸 배울 수 있다. 놀이라는 이름으로, 조금은 엉뚱한 말들 속에서, 슬쩍 흘러나온 부모의 한마디로부터.

이름을 알아야 지킬 수 있다

아이는 몸을 몸으로 배운다. 코는 코고, 귀는 귀, 손은 손. 머리카락, 발가락, 배꼽, 무릎처럼 몸의 각 부위는 부모의 일상적인 언어 속에서 자연스럽게 이름을 갖게 된다. 엄마가 머리를 감기며 "귀에 물 들어간다."하고, 아이가 넘어졌을 때 "무릎 까졌어. 하듯, 우리는 그렇게 몸을 인식하고 배운다. 몸을 인식하는 방식은 곧 나를 인식하는 방식이고, 나의 경계를 인식하는 출발점이 된다.

그런데 이 흐름 속에서 유독 멈칫하게 되는 부위들이 있다. 유방, 유두, 음경, 음순. 이 부위들은 많은 경우 뭉뚱그려지거나, 다른 말로 대체되거나, 아예 언급되지 않는다. 아이는 엄마 가슴을 '찌찌'라고 부르고, 성기에 대해서는 '꼬추'나 '잠지'라는 말을 듣는다. 사실 유아기에는 대체어를 사용하는 것도 가능하다. 가족 안에서 정서적으로 편안하고 안전하게 받아들여질 수 있는 언어로 몸을 인식하는 것은 자연스러운 발달 과정이기도 하다.

하지만 문제는 이 대체어가 그대로 굳어지거나, 신체 명칭 자체를 금기시하게 되는 분위기로 이어질 때 발생한다. '그쪽', '아래', '팬티 입는 데', '이상한 데' 같은 표현들은 아이 스스로 몸의 경계를 명확히 알기 어렵게 만든다. 그리고 가장 중요한 순간, 위급하거나 불편한 상황에서는 제대로 표현하지 못하게 된다.

실제로 성폭력 예방 교육이나 피해 아동 상담 현장에서는 '정확한 신체 명칭의 사용'이 보호의 핵심 조건으로 꼽힌다. 누군가가 아이를 만졌을 때, 아이가 "여기를 만졌어."라고 말한다면 '여기'가 어딘지를 파악하기 위해 수많은 질문을 던져야 한다. 하지만 "음순을 만졌어.", "유두를 만졌어."라고 말할 수 있는 아이는 그 즉시 부모나 교사, 전문가가 개입할 수 있다.

이것은 단순히 언어적 명확성을 넘어서, 아이의 자기결정권과 신체 주체성의 첫 단추이기도 하다. 정확한 명칭을 아는 것은 곧 몸의 주인이 나라는 것을 아는 것이다. 그리고 나의 몸은 나만이 허락할 수 있다는 경계를 세우는 일이기도 하다.

우리가 아이에게 신체 명칭을 알려주는 것은 지식을 가르치는 게 아니다. 아이에게 "네 몸은 소중하다."는 걸 언어로 확인시켜주는 일이다. 많은 부모가 '그 말을 어떻게 꺼내야 할지 모르겠어서' 또는 '아직 어리니까 괜찮겠지' 하며 신체 명칭 교육을 미룬다. 하지만 아이는 이미 관찰하고 있고, 이름 붙이고 싶은 욕구를 가지고 있다. 그 욕구를 억누르는 대신, 자연스럽고 명확한 언어를 건네주는 것이 우리가 할 일이다. 유아기에는 대체어를 쓰더라도, 점차 아이가 커가면서는 정확한 명칭을 함께 알려줘야 한다.

"이건 보통은 찌찌라고 부르지만, 정확한 이름은 유방이야."

"꼬추라고도 부르지만, 그건 음경이야. 병원에서도 이렇게 말해."

그렇게 말해주는 부모를 보며 아이는 부끄러움이 아닌, 자연스러움을 배우게 된다. 어떤 상황에서든 몸을 이야기할 수 있는 아이, 그 아이는 자신의 몸을 존중하는 법을 배운 아이이고, 누군가가 넘어서선 안 될 경계를 정확히 말할 수 있는 아이이다. 우리가 그 말할 수 있는 힘을 만들어줘야 한다. 그 힘은 바로 이름에서 시작된다.

동생은 생겼지만 너의 자리는 그대로야
- 첫째의 마음을 놓치지 않는 성교육

"엄마, 아빠는 나 하나로는 애가 부족해?"

나의 둘째 임신 소식을 들은 첫째 아들은 난데없이 이렇게 물었다. 순간 온 가족이 빵 터졌지만, 나는 웃으며 이렇게 답했다.

"애가 부족해서가 아니라, 함께할 가족이 한 명 더 생긴다는 게 얼마나 행복한 일인지 너를 키우면서 알게 됐거든."

그랬더니 첫째는 별다른 투정 없이 쑥 하고 동생을 맞아들였다. 하지만 주변에는 "첫째가 동생 소식에 너무 상심하지 않을까?"하고 고민하는 엄마 아빠들이 많다. 사실 둘째가 찾아온 건 첫째의 눈치를 봐야 할 일이 아니라 모두가 함께 웃고 기뻐할 일이다. 그러나 첫째가 느끼는 상실감은 무척 클 수밖에 없으니, 그 마음을 어떻게 돌볼지는 부모로서 꼭 고민할 부분이다.

"엄마 뱃속에 아기가 있어?"
"나도 그랬어?"
"나는 왜 동생이 생겨야 해?"

"그럼 나한테는 이제 누가 와줘?"

첫째 아이의 질문은 단지 호기심이 아니다. 몸과 가족, 그리고 사랑의 자리를 이해하려는 진짜 감정의 신호다. 둘째가 생기면 부모는 기대와 설렘이 교차하지만, 첫째 아이에겐 세상이 바뀌는 일이다. 익숙했던 사랑의 구조가 흔들리고, "내가 먼저였는데…" 하는 말 못 할 감정이 생긴다.

이 시기 부모는 어떤 정보를 어떻게 전달하느냐보다 첫째가 무엇을 느끼고 있는지를 읽는 태도가 훨씬 중요하다. 설명은 정보가 아니라 '관계로' 한다. 첫째에게 임신을 설명할 때 중요한 건, 어떻게 생겼는지보다 '이 아이와 너는 어떤 관계인지'를 보여주는 것이다.

"우와~ 너도 이렇게 엄마 뱃속에 있었는데!"
"이렇게 작은 발, 너도 이랬어. 얼마나 귀여웠는지 몰라."
"엄마가 너 안고 우유 먹일 때 진짜 사랑스러웠어."
"이제는 혼자 밥도 먹고, 스스로 씻을 줄도 알고… 벌써 이렇게 자랐네."

이렇게 이야기해 주면, 아이는 동생이 오면서 사랑이 나눠지는 것이 아니며 자신이 여전히 특별한 존재라는 사실을 확인하게 된다.

또 하나 중요한 점은 둘째에 대한 결정권을 첫째에게 넘겨서는 안 된다는 것이다. 첫째의 감정을 너무 살핀 나머지 부모가 첫째에게 다음과 같은 말을 건네는 경우가 있다.

"네가 괜찮으면 아기도 안을게."
"형아가 허락하면 같이 잘 거야."
배려처럼 들리지만, 사실은 아이에게 감당할 수 없는 결정권을 넘기는 일이다. 동생이 태어나고 돌봄이 필요한 건 부모의 책임이다. 그건 아이의 허락을 구할 일이 아니다.

"아기가 울 때 엄마는 안아줘야 해. 그건 아기를 더 사랑해서가 아니라, 아기라서 그래. 너도 아기일 땐 엄마가 그렇게 했단다."
"엄마는 동생도 돌봐야 하고, 너도 돌봐야 해. 둘 다 중요한 일이야."

그리고 정확히 알려줘야 한다.

"동생 생기는 건 엄마 아빠가 결정한 일이야. 너에게 묻지 않았던 건, 이건 네가 책임져야 할 일이 아니기 때문이야."

각자의 자리와 역할을 분명히 해주는 말이다. 아이에게는 정확한 설명이 필요하다. "이제 네가 형이니까"라는 말보다는 "너는 네 자리에서 충분히 소중하다."는 확인이 먼저다.

"너랑 아기는 나이가 달라서, 필요한 것도 다르고, 엄마가 도와줘야 하는 방법도 달라. 동생은 아직 어려서 울고 기다리는 게 힘들지만, 너는 말도 할 수 있고, 스스로 할 수 있는 것도 많아서 대단해. 그렇지만, 네가 언제든 도움이 필요할 땐 꼭 말해줘. 엄마는 항상 들을 준비가 되어 있어."

이렇게 역할과 위치를 정확하게 구분해 주는 말은 첫째의 마음이 흔들리지 않도록 붙들어주는 말이다. 공존을 위해 첫째와 둘째는 '누가 더'가 아니라 '서로 다름'을 배우는 사이가 되어야 한다. 그 시작은 부모의 말 한마디, 반응 하나에서 출발한다. 아이와 함께 아기 초음파 사진을 보며 말한다.

"이건 지금 아기 모습이야. 근데 이 사진이랑 닮은 사진, 너도 있어. 너는 아기 때 이랬고, 지금은 이렇게 멋지게 컸지. 아가는 너처럼 되려면 시간이 좀 걸릴 거야."
"엄마는 너도 안아주고, 아기도 안아줄 수 있어. 단지 순서가 다를 뿐이야."

첫째와 둘째, 각자의 보호를 받는 존재로 아이들에게는 나이마다 다른 보호가 필요하다. 작다고 더 받고, 크다고 덜 받는 것이 아니다. 각자의 시기, 각자의 자리에서 다른 방식으로 돌봄이 필요하다.

임신한 몸 안에서는 또 하나의 생명이 자라고 있지만, 엄마의 품 안에서는 여전히 첫째도 자라고 있다. 그 작은 마음이 자꾸 자리를 확인하고 싶어 할 때, "여기, 네 자리 그대로 있어."라고 말해주는 부모의 한 마디가 두 아이 모두에게 가장 단단한 출발점이 되어준다.

✅ 첫째의 마음을 지키는 말 5문장
'네 자리는 그대로야'를 전하는 부모의 언어

1. "너는 엄마 아빠가 처음으로 사랑한 사람이야."
   → 아이가 '특별함'을 느낄 수 있는 정서적 선언
2. "동생이 와도 너한테 쓰던 마음은 줄어들지 않아.
   엄마 마음은 나눠지는 게 아니라 커지는 거야."
   → 비교 대신 확장의 이미지로 설명
3. "지금 너도 돌봄이 필요한 아이라는 걸 엄마는 알고 있어."
   → '이제 컸으니까' 대신, '여전히 돌봄 받아야 할 존재'임을 확인
4. "동생 도와줘서 고마워. 하지만 네가 도와주고 싶을 때만
   도와줘도 괜찮아."
   → 책임보다 자율을 먼저
5. "힘들면 말해줘. 말하면 엄마는 꼭 도와줄 거야."
   → 감정을 말해도 되는 관계라는 신호

✅ 가족이 되는 연습놀이
동생의 등장을 '함께 자라는 일'로 바꾸는 놀이법

✔ 시간 바꾸기 놀이
- 아이의 아기 때 사진을 보여주며 "이때 너는 어떤 냄새였을까?", "너는 언제 기어다녔을까?"

✔ 인형 수유 놀이
- 아이와 함께 아기 인형을 안고 우유 먹이고 재워보기.
- "이건 엄마가 너한테 했던 일이야." 이야기하며 동생의 현재와 연결시키기

✔ 동생에게 편지 쓰기
- "형아가 이렇게 말해줄 거야." 하며 짧은 그림 편지나 말풍선 편지 만들기. 글이 힘든 아이는 그림과 말로 대체.

✔ 몸 놀이 구분하기
- "아기는 눕는 걸 좋아해요. 형아는 뛰는 걸 좋아하죠!"
- 서로 좋아하는 감각을 구분해 보며 각자의 다름을 인정하는 감각 확장

아이가 부모의 성행위를 목격했을 때

한밤중이었다. 아이도 재웠고, 부부가 오랜만에 둘만의 시간을 보내고 있었다. 그런데 갑자기 방문이 삐걱 열리더니, 아이가 조용히 들어왔다. 불 켜진 스마트폰 화면에 비친 아이 얼굴이 너무 말똥말똥해서 더 무서웠다. 눈이 마주쳤다. 순간, 온몸이 얼어붙고 머릿속은 텅 비었다.

'지금 뭐 봤을까?'
'어떻게 설명해야 하지?'
'내일 이걸 기억할까?'

이런 상황, 생각보다 흔하다. 아이들이 예상치 못한 시간에 깨는 일은 너무 자연스럽고, 부모는 그 순간, "그냥 잠깐이었는데…" 하며 죄책감과 당혹감이 덮친다.

하지만 정말 중요한 건 그때 아이가 무엇을 봤느냐보다 그 일을 부모가 어떻게 반응하느냐다. 그보다 더 중요한 건, 그날 이전의 일상에서 부모가 어떻게 살아왔느냐다.

평소에 부모가 자주 다투고 무겁고 긴장된 분위기 속에 있었다면, 아이는 우연히 마주친 부모의 관계를 위협처럼 느낄 수도 있다. 반대로, 엄마 아빠가 평소에도 자주 웃고, 손잡고, 안아주고, 또 싸운 날엔 꼭 화해하고, 서로를 존중하는 모습으로 마무리해 왔다면, 아이는 그 관계 안에서 안전하다는 감각을 먼저 갖는다. 부부의 애정 표현이 일상적이고 건강하게 드러나 있다면 아이에게 성은 '비밀스럽고 이상한 일'이 아니라 '사랑이 표현되는 과정 중 하나일 수 있다'고 느껴지게 된다. 성교육의 진짜 첫 단추는 아이 앞에서 나누는 부부의 '좋은 일상 관계'에 있다.

그래도 일단 부모는 반응해야 하니, 아래의 내용을 살펴보자.

✓ 0~3세 영유아

사실 부모의 행동이 무슨 의미인지 잘 모른다. 다만 몸짓이 크거나 소리가 나면 놀랄 수는 있다. 이럴 땐 침착하게 아이를 다정하게 안아주며 "깼구나, 무서웠어?" 하고 다른 방으로 데려가 장난감이나 책으로 자연스럽게 주제를 돌리면 된다. 이 시기의 아이에겐 굳이 설명할 필요 없다. 엄마 아빠가 싸우는 건 아닌가, 다친 건 아닌가, 그 정도만 불안하지 않게 정리해 주면 충분하다.

✓ 3~6세 유아기 아이

뭔지는 모르겠지만 '이상한 행동'이라는 감각은 가질 수 있다. 이때 중요한 건 부모가 놀라지 않는 표정과 말투다. "엄마 아빠는 서로 사랑해서 안아주고 있었어." 혹은 "이건 조금 어려운 이야기야. 나중에 얘기해 줄게." 간단하고 담담하게 넘어가면, 아이도 쉽게 넘어간다. 부모가 너무 당황하거나 얼버무리면 오히려 아이 머릿속엔 더 '이상한 기억'으로 남는다.

✓ 초등 저학년, 6~10세쯤 되는 아이

TV, 인터넷, 친구들을 통해 이미 성에 대한 단편적인 정보를 접했을 가능성이 크다. 이럴 땐 조금 더 구체적으로, 그러나 여전히 부담 없이 말해준다. "엄마 아빠는 서로를 사랑하고, 그 사랑을 표현하는 방법 중에는 스킨십도 있어. 이건 어른들이 서로를 존중하고 아껴줄 때 하는 일이야. 하지만 이건 사적인 일이기 때문에 다른 사람에게 보여주거나, 말하지 않는거야."

✓ 10세가 넘고 사춘기가 가까워지는 시기

부모가 성행위를 하고 있다는 사실 자체를 인지할 수 있다. 이 시기 아이는 그 사실보다 부모가 얼마나 무안해하는지를 더 크게 기억한다. 그래서 오히려 너무 무겁게 사과하거나 민망한 기류를 만들기보다 "이건 엄마 아빠의 사적인 시간이었고, 앞으로는 서로 문 두드리기 약속하자." 정도만 짚어주는 게 좋다. 부모가 덜 당황할수록 아이도 덜 불편해한다.

청소년기에 접어든 아이는 웬만한 건 다 안다. 이 시기의 아이에게는 "이 일은 이상한 일이 아니다. 하지만 서로의 프라이버시는 지켜줘야 한다."는 태도를 보여줘야 한다. 너무 자세한 해명보다 간단하고 당당하게. "우리가 서로 조심하면 이런 일은 다시 없을 거야. 괜찮아." 그리고 방문 잠그기, 문 두드리기 서로의 사적인 영역을 존중하는 습관을 진지하게 시작해야 한다.

혹시라도 이 상황이 반복되었다면? 아이의 감정에 따라 짧게나마 확인 질문을 던져본다.

"그날 이후에 좀 신경 쓰여? 혹시 무서웠거나 이상했으면 말해줘도 돼."

아이마다 민감도는 다르기 때문에, 말하지 않으면 그냥 흘려보내고, 궁금해하거나 묻는다면 그때 차분하게 답해준다. 그리고 진짜 중요한 예방책 하나. 문, 잠그자.

애초에 아이와의 '우발적 충돌'이 일어나지 않도록 일상에 프라이버시의 원칙을 정해두는 게 제일 좋다. 아이에게도 말해준다.

"엄마 아빠도 혼자 있을 시간이 필요해. 너도 네 방에 누가 갑자기 들어오면 불편하지?"

이건 성교육을 떠나 인간관계의 기본 예의다. 이야기가 민망해서 얼버무리는 순간, 아이에겐 '성은 이상하고, 피해야 하고, 말하면 안 되는 일'로 인식된다. 그렇다고 지나치게 교육하려 들면 '내가 뭔가 잘못했나?' 하는 부담을 줄 수도 있다.

좋은 태도는 놀라지 않고, 흘리지도 않고, 짧고 정확하게. 그리고 그보다 평소에 부부가 아이 앞에서 얼마나 좋은 관계로 살아왔느냐이다.

"엄마 아빠는 서로 좋아하고, 안아주고, 때론 다퉈도 꼭 화해하는 사이야."

이 감각이 아이 마음에 자리 잡고 있다면, 한밤중의 그 문틈 사건은 그저 지나가는 해프닝일 수 있다.

쫄지마, 엄마 아빠. 당황스러운 순간이 있었더라도, 우리는 평소의 관계로 아이의 감각을 지켜줄 수 있다. 성은 감추어야 할 일이 아니라, 배워가야 할 일이라는 걸 아이에게 보여줄 수 있는 또 하나의 기회일지도 모른다.

자기 몸을 사랑하게 도와주는 부모의 언어 5가지

아침에 거울 앞에 선 아이가 갑자기 배를 툭 치더니 말한다.
"엄마, 내 배가 왜 이래? 동그랗지?"
순간 나는 뭐라고 대답해야 하나 고민이 된다. "괜찮아."라고 했다가 "왜, 나 이상해?"라는 추가 질문이 날아올 것 같고, 웃어넘기자니 아이가 진지한데 무시하는 것 같고.
아이들은 하루에도 몇 번씩 자기 몸에 대한 질문을 던진다.

"나는 왜 아빠랑 다르게 생겼어?"
"왜 내 다리는 동생보다 굵어?"

솔직히 부모 입장에서는 당황스럽다. 그런데 사실 아이가 원하는 건 해부학 교과서 같은 설명이 아니다. 그냥 "그거 너만의 멋진 몸이야."라는, 단순하고 따뜻한 대답이다.
아이에게 자기 몸을 사랑하게 해주는 건 특별한 기술이 아니다. 매일 밥 먹을 때, 옷 입을 때, 거울 볼 때 건네는 짧은 한 마디. 그 말이 아이의 몸에 대한 감정을 만들고, 나중에 자기 몸을 스스로 지킬 힘이 된다. 성교육의 첫걸음은 지식이 아니라 '네 몸은 충분히 소중하다'는 메시지다. 그 시작을 부모의 언어로, 생활 속 작은 대화로 이어가면 된다.

1. "너의 몸은 있는 그대로 괜찮아."

요즘 아이들, 너무 일찍부터 외모와 몸매 평가에 노출된다. "살쪘다", "못생겼다"는 농담 한마디가 평생 몸에 대한 부정적인 감정을 남긴다.

- "너도 살 좀 빼야겠다" ✘

→ "우리 몸은 다 다르게 멋져. 건강하게 움직이는 게 더 중요해."

2. "싫으면 싫다고 말해도 돼"

아이의 경계를 지켜주는 건 '교육'보다 '경험'이다. 거절이 통하는 경험이 있어야 다른 누군가에게도 "싫어요"를 말할 수 있다.

- "그냥 안아드려, 예의잖아" ✘

→ "네가 싫으면 안 해도 괜찮아. 감정은 네 거니까."

3. "몸은 보여주기보다, 느끼기 위한 거야"

요즘 아이들은 '보여지는 몸'에 익숙하지만 정작 '내 몸이 어떤지 느끼는 힘'은 약해지는 중이다.

- "그거 입으면 안 예뻐" ✘

→ "그 옷 입었을 때 너 기분이 어때?" 예쁘냐보다 편하고 좋은 감정에 집중하게 하기

4. "우리 몸은 놀라운 일을 해내고 있어"

몸에 대한 긍정은 기능에 대한 감사에서 자란다. 외모 중심에서 벗어나, 몸의 가치를 다양하게 바라보게 해야 한다.

→ "오늘 많이 뛰었네, 다리가 진짜 튼튼하게 일했겠다"
→ "손이 이렇게 멋지게 그림을 그렸네!"

5. "너는 네 몸의 주인이야"

자기 몸을 사랑하려면, 우선 몸이 내 것이라는 확신이 있어야 한다.

→ "아무도 네 허락 없이 만지면 안 되는 거야"
→ "사진도 너 허락 없이 못 찍는 거야. 몸의 결정권은 너한테 있어."

✅ 부모가 생활 속에서 실천할 수 있는 작은 루틴

✓ 아이가 거울 볼 때

"거울 속 너, 오늘 어떤 기분이야?"

→ 외모가 아니라 감정에 집중하기

✓ 씻을 때

"손, 발, 가슴, 배… 하나하나 소중하니까 깨끗하게 씻어볼까?"

→ 몸 전체에 대한 존중의 감각 키워주기

✓몸이 아플 때

"우리 몸이 지금 쉬라고 신호를 보냈나 봐. 고마워, 내 몸."
  → 몸을 귀찮은 대상이 아닌, 협력자로 느끼게 하기

자기 몸을 사랑하는 감각은 누가 가르쳐준다고 생기는 게 아니다. 매일 부모의 말투, 반응, 표정 속에서 느끼고 자란다.

"내가 느끼는 게 맞아."
"내 몸은 내 거야."
"난 나로서 괜찮아."

이런 생각을 가진 아이는 누가 뭐라고 해도 스스로를 지킬 줄 아는 사람으로 자란다. 그리고 그 시작은 엄마 아빠의 한 마디로부터 시작된다.

04장

관계 속에서 배우는 성
위기에도 지켜내는 존중

영유아 부모를 위한 쫄지마 성교육

04장
관계 속에서 배우는 성
위기에도 지켜내는 존중

일상 속 성 감수성에서 위기 대처까지

비밀이야, 엄마한테도 말하지 마
- 좋은 비밀과 나쁜 비밀 구분하기

　5세 하윤이는 요즘 '비밀'이라는 말을 자주 한다. 유치원 친구랑 몰래 만든 카드도 비밀이고, 서로만 알고 있는 놀이터 비밀 장소도 있다. 친구끼리만 아는 이야기, 어른들은 모르는 웃음, 그 안에서 아이들은 자란다. 그런데 어느 날, 하윤이가 평소와 다르게 말을 흐린다.

　"엄마… 근데… 이건 진짜 비밀이야. 말 안 해도 되는 거지?"

　뭔가 마음이 불편해 보였다. 엄마는 조심스럽게 물었다.

"누가 하윤이한테, 이건 절대 엄마한테 말하지 말라고 했어?"

하윤이는 잠시 머뭇거리다 고개를 끄덕인다.

아이들은 또래 사이에서 비밀을 공유하며 사회성을 배운다. 그 안에서 협동도 배우고, 갈등도 겪으며, 마음을 나누는 경험도 쌓는다. 그래서 부모가 모든 비밀에 간섭할 필요는 없다.
하지만 아이 스스로 마음이 불편하다면, 그건 '지켜야 할 비밀'이 아니라 '풀어야 할 신호'다. 아직은 감정을 완전히 구분하거나 설명하는 게 어려운 시기이다.

"친구한테 미안하니까 말 못 하겠어."
"이건 내가 잘못한 것 같기도 해."

이런 마음이 엉켜서 아이는 불편한 비밀도 혼자 껴안으려 한다. 그럴 때 부모는 조용한 조력자가 되어야 한다. 아이 대신 정리해 주는 사람이 아니라, 아이 스스로 정리할 수 있도록 곁에서 지켜봐 주는 사람.

"혹시 말하고 싶은데 말하기 어려운 거라면, 엄마는 언제든 들어줄 준비가 돼 있어. 친구 이야기라서 조심스럽다면, 엄마는 조용히 도와줄게. 꼭 다 말하지 않아도 괜찮아. 그저 하윤이가 마음이 편했으면 좋겠어."

이 믿음이 아이의 마음을 조금씩 풀어준다.

그리고 이 말도 꼭 전해줘야 한다.

"다른 어른이 너에게 '비밀이야, 엄마한테 말하지 마'라고 한다면, 그건 꼭 엄마 아빠에게 말해야 하는 신호란다."

이 한 문장이 아이의 안전을 지키는 기준이 된다. 성인으로부터 받은 비밀이 무거운 이유는 아이의 의지와 상관없이 불쾌거나, 무섭거나, 이상한 기분을 남기기 때문이다. 이럴 때 아이는 '내가 잘못했나?' 하는 생각에 말문을 닫는다. 그래서 더더욱, 부모가 먼저 그 문을 열어줘야 한다.

"하윤아, 기분이 이상했거나, 싫었는데 말하지 말라고 했으면 그건 네가 지켜야 할 비밀이 아니야. 엄마는 언제든 네 편이야. 말해줘서 정말 고마워."

또래와 나눈 비밀은 가볍게 넘기되, 아이가 불편해하면 '말해도 괜찮다'는 신호를 보내준다. "비밀이야."라는 말이 나왔을 때는 아이의 표정과 말투를 유심히 살핀다.

성인이 "절대 말하지 마."라고 했다면, 반드시 아이 편에 서서 보호한다. 어떤 비밀이든, 아이가 부모에게 말할 수 있도록 "엄마는 언제나 너 편"이라는 믿음을 평소에 심어준다.

비밀은 설렘이 될 수도 있고, 무게가 될 수도 있다. 좋은 비밀은 아이를 웃게 만들지만, 나쁜 비밀은 마음을 누른다. 그래서 아이는 알아야 한다. 내가 불편한 비밀은, 말해도 되는 비밀이라는 것. 그리고 부모는 알려줘야 한다. 말해도 되는 사람은 언제나 여기 있다는 걸.

비밀을 이야기할 수 있는 힘은 바로 당신이 믿어주는 태도에서 자란다.

✅ 부모가 만드는 안전한 환경

1. 일상적인 대화 습관

- "오늘 어린이집/학교에서 뭐가 제일 재미있었어?"
- "혹시 불편하거나 이상한 일은 없었어?"

→ 판단하지 않는 경청으로 저녁시간 루틴 대화습관 만들기
  아이가 말할 때 "에이, 그런 걸로!" 같은 반응은 금물

2. 비밀 신호 만들기

- "정말 중요한 비밀은 '무지개 비밀'이라고 말해줘.

그럼 엄마가 특별히 더 잘 들을게."

→ 가족만의 암호로 소통해보기

3. 연령별 접근법

* 4-5세: 단순하고 명확하게
- '기분 좋은 비밀 = 좋은 비밀'
- '기분 나쁜 비밀 = 엄마한테 말해야 할 비밀'

* 6-7세: 구체적인 상황으로
- '생일 선물 비밀은 좋은 비밀'
- '때리고 비밀로 하자는 건 나쁜 비밀'

* 8세 이상: 판단력 기르기
- '왜 비밀로 하자고 했을까 생각해보기'
- '이 비밀을 지키면 누가 다칠까 생각해보기'

✓ 또래 비밀의 균형점

- 친구 관계 존중
  → "친구들끼리의 비밀도 중요해. 하지만 누군가 다치거나 위험한 일이라면 어른의 도움이 필요해."

- 단계적 개입
  → 아이 스스로 해결하도록 격려, 해결 방법 함께 고민 필요시 간접적 도움 (교사 협조), 심각한 경우 직접 개입

✓ 어른과의 비밀은 다르다

- 명확한 원칙
  → "어른이 '부모님께 비밀'이라고 하는 건 항상 이상한 거야. 좋은 어른은 그런 말을 하지 않아."

- 예외 없는 보호
  → 가족이라도, 선생님이라도, 친한 어른이라도 '우리만의 비밀'은 위험 신호

예의보다 안전: 경계교육
- 안전교육과 성교육이 만나는 지점

성교육은 거창하거나 민망한 이야기가 아니다. '내 몸은 내가 지켜야 할 소중한 것'이라는 감각을 키우는 일이다. 특히 낯선 사람에 대한 경계 교육은 몸의 자율성과 감정 표현을 배우는 첫 단계다.

사례 1. 놀이터에서의 만남

5세 민서는 놀이터에서 혼자 그네를 타고 있었다. 엄마는 벤치에서 동생 기저귀를 갈고 있었고, 한 어른이 민서에게 다가왔다.
"그네 잘 타네? 아저씨가 밀어줄까?"
민서는 "아니요."라고 말했지만, 그 사람은 계속 말을 걸었다.
민서는 큰 소리로 "엄마!"를 불렀다.

- 아이를 자연스럽게 데려오며 "민서야, 이리 와. 다 끝났어." 정도로 상황을 마무리한다.
- 낯선 어른에게는 "저희 아이예요. 실례합니다." 정도로 짧게 응대한다.
- 아이에게는 "엄마 불러줘서 정말 잘했어." 하고 꼭 칭찬한다.

사례 2. 선물의 유혹

6세 수아는 학원 앞에서 엄마를 기다리고 있었다. 한 아주머니가 다가와 사탕을 주며 길을 같이 가달라고 했다. 수아는 "엄마한테 물어봐야 해요."라고 말한 뒤 학원 안으로 들어갔다.

1. 아이와 함께 안전 규칙을 만든다.
   - 가족 외 사람에게 음식을 받지 않는다.
   - 모르는 사람과는 어디든 같이 가지 않는다.
   - 어른은 아이가 아니라 다른 어른에게 도움을 요청해야 한다.

2. 역할놀이로 상황을 연습한다.
   - "길을 잃었는데 도와줄래요?"
     → "죄송해요. 어른한테 물어보세요."
   - "엄마가 다쳤대. 같이 가자"
     → "안 가요. 엄마 전화번호 알아요."

사례 3. 불편한 접촉

4세 지호는 마트에서 엄마 손을 놓쳤고, 한 어른이 다가와 머리를 쓰다듬으며 말을 걸었다. 지호는 "싫어요."라고 말하고 뒤로 물러났.
"지호가 싫다고 말한 거 정말 잘했어. 네 몸은 네 거니까, 싫을 땐 말해도 돼."

- 가족이나 친척이라도 안기거나 뽀뽀하지 않아도 된다는 것을 알려준다.
- "안녕하세요"는 말로도 충분하다는 걸 아이에게 익숙하게 만든다.

✅ 부모가 알아야 할 핵심 메시지

1. 무서움보다 힘을 키우는 교육

'낯선 사람은 모두 나쁘다'보다 '내가 불편하면 거절할 수 있다'를 먼저 가르친다.

2. 구체적인 대처법을 알려준다.

- 누군가 이름을 알고 있을 때
  → "우리 엄마는 이름 알려준 사람 꼭 말해준다고 했어요."
- 도움이 필요하다는 어른이 접근할 때
  → "어른은 어른에게 도움을 요청해야 해요."
- 따라가자고 할 때
  → '팔 두 개 거리 유지', '큰 소리로 도움 요청' 연습하기

3. 예외도 설명해 준다.

- 유니폼을 입은 경찰관, 소방관

- 이름표를 단 마트 직원 또는 아이와 함께 있는 보호자

  → 도움을 요청할 수 있는 사람을 알려주자.

✓ 월 1회 안전 점검 시간 만들기

- "낯선 사람이 말을 걸면 뭐라고 할까?"
- "엄마가 안 보이면 어떻게 해야 할까?"

  → 평소 연습이 중요하다. 퀴즈처럼 가볍고 반복적으로 진행한다.

✓ 실제 상황 활용하기

- 마트에서 떨어졌다가 다시 만났을 때 "만약 엄마를 못 찾았으면 어떻게 했을까?"

  → "계산대 직원에게 도와달라고 했을 거예요."

건강한 경계심은 아이의 자율감을 키운다. 경계 교육은 불안을 심어주는 교육이 아니다. 자신의 감각을 믿고, 거절하고, 도움을 요청할 수 있는 힘을 길러주는 과정이다.

아이의 "싫어요."는 존중받아야 한다. 예의보다 안전이 먼저다. 이상한 느낌이 들면, 도망쳐도 괜찮다. 거절했을 땐 무조건 칭찬한다. 아이의 직감을 믿고 지지해 주는 것, 그게 성교육의 시작이자, 안전교육의 핵심이다. 쫄지마, 엄마 아빠. 오늘도 아이는 스스로 지키는 법을 배우고 있다.

뽀뽀는 싫은데, 인사는 해야 해?
- 예의와 경계 사이, 아이도 괜찮은 인사가 필요하다.

명절 아침, 여섯 살 유나는 설빔을 곱게 차려입고 거실로 나왔다. 그 순간, 기다렸다는 듯 외할아버지가 두 팔을 활짝 벌리며 말했다.

"우리 유나~ 너무 예뻐졌네! 뽀뽀 한 번 해볼까?"

유나는 살짝 움찔했다. 몸이 굳은 채로 뒤로 한 걸음 물러섰다. 이 장면, 낯설지 않다. 한국식 명절 인사는 어른들에게는 정이지만, 아이들에게는 생각보다 큰 부담이 될 수 있다. 볼 뽀뽀, 포옹, 머리 쓰다듬기, 손잡기… 어른들 입장에서는 자연스럽고 애정 어린 표현이지만, 아이가 준비되지 않았다면 그것은 '불편한 접촉'이 된다. 그런데 아이가 인사를 거부하면 이런 말이 따라온다.

"할머니 서운하시겠다~"
"삼촌한테는 인사도 안 하네?"

그 순간, 아이는 이렇게 배운다. "내가 불편해도 어른의 감정을 먼저 생각해야 하는구나." 부모가 해줄 수 있는 가장 중요한 일은 아이가 경계를 지키는 경험을 부끄럽지 않게 만들어주는 것이다.

'싫어요'라고 말하는 건 예의 없는 행동이 아니라, '나는 괜찮을 때만 허락할 수 있다'는 자기 감각의 시작이다. 명절 전, 부모는 유나와 같은 아이들에게 이렇게 준비시킬 수 있다.

"할아버지께는 하이파이브로 인사할까?"
"포옹이 불편하면 말로 인사해도 괜찮아."
"말하기 어렵다면 엄마 손을 잡아줘. 엄마가 대신 알려드릴게."

이렇게 하면 아이는 "내 감정도 존중받을 수 있구나" 하는 안도감을 느낀다. 부모가 아이의 신호를 읽어주는 것, 그것이 아이에게 가장 든든한 보호막이 된다. 어른에게도 '새로운 예의'가 필요하다 명절 전에 미리 조부모에게 이렇게 전할 수 있다.

"요즘 아이들이 성교육과 감정 표현을 함께 배우고 있어서요.
유나는 뽀뽀보단 하이파이브를 더 좋아해요."

이렇게 말하면 대부분의 어른들은 고개를 끄덕인다.
"요즘 애들은 다르다더니 정말 그렇구나."
"그럼 유나는 하이파이브부터 해볼까?"

어른에게도 "이건 아이의 존중을 위한 배움이에요."라는 안내가 필요하다. 그렇지 않으면 부모가 아이를 방패 삼는 듯한 인상을 줄 수 있고, 그건 오히려 세대 간의 벽을 만든다. '몸의 경계'는 아이가 배우는 중이지만, '관계의 조율'은 부모가 맡아야 할 역할이다. 인사는 여전히 중요하다. 인사를 가르치지 말자는 게 아니다. 아이도 사회성과 예의를 배워야 한다. 다만, 그 시작이 꼭 '포옹'이나 '뽀뽀'일 필요는 없다.

"하이파이브도 멋진 인사야."
"말로 하는 안녕하세요도 충분히 예의야."

이렇게 알려주면 아이는 '나는 예의 바르게 행동하고 있다'는 자존감을 갖게 된다. 부모가 아이에게 이렇게 말해줄 수 있다.

"유나야, 네 마음이 싫다면 거절해도 돼. 네 몸도 마음처럼 소중하니까."

그 말은 아이가 세상 속에서도 스스로를 지킬 수 있는 첫 문장이 된다. '예의'와 '자율성'은 서로 충돌하는 게 아니라, 함께 자라야 하는 감각이다. 아이에게 "안녕하세요"는 단순한 인사가 아니라 "이건 내 방식이에요"라고 세상에 말하는 선언이다. 완벽한 인사는 없다. 다만, 아이의 몸과 감정이 존중받는 인사가 있을 뿐이다. 그리고 그 인사를 함께 찾아가는 부모, 그게 바로 요즘 시대의 따뜻한 예의다.

엄마, 이거 봐도 돼?

요즘 아침마다 집 안에 울려 퍼지는 소리. "엄마~ 유튜브~" 밥 먹기 전에도 한 편, 잠들기 직전에도 또 한 편. 우리 아이들은 태블릿보다 말이 늦고, 리모컨보다 감정 표현이 빠르다. 유튜브는 이제 육아의 기본 세팅처럼 따라온다. 그리고 그 안에는 엄마가 예측하지 못한 것들이 슬쩍, 불쑥, 예상보다 일찍 끼어든다. 귀엽고 깜찍한 캐릭터 영상인 줄 알았는데, 갑자기 섹시한 언니가 나와서 춤을 춘다. 별생각 없이 틀어준 장면 속에 노출이 많거나 어른스러운 뽀뽀가 흘러나온다. 그리고 아이가 묻는다.

"엄마, 저 언니 왜 옷이 없어?"
"왜 뽀뽀해?"
"웃긴데… 기분이 이상했어."

당황은 엄마 몫이다. 하지만 자극은 아이한테 먼저 왔다. 아이들은 아직 '이해'보다 '느낌'이 먼저 온다. 논리보다 감각이 먼저 작동한다. 이상한데 끌리는 느낌, 웃긴데 껄끄러운 기분, 좋은 것 같지만 말하기 어려운 감정. 그런데 그때 "그런 거 보면 안 돼!" 하고 엄마가 단칼에 잘라버리면 아이의 머릿속엔 이렇게 새겨진다. '내가 느낀 감정은 나쁜 거구나.' '말하면 안 되는 거였어.'

그리고 그때부터 진짜 위험한 일이 시작된다. 말을 막으면, 행동은 숨는다. 아이들은 그 장면을 몰래 다시 본다. 호기심은 사라지지 않았는데, 이제는 죄책감까지 더해졌다. 보고 싶은 마음은 여전한데 엄마한테 들키면 혼날까 봐 입을 다문다. 그렇게 마음은 무거워지고, 눈은 더 자극을 향하게 된다. 사실은 그냥 처음 본 자극에 놀란 것뿐인데, 그 순간의 거절과 부정이 감정을 비밀로 바꿔버린다.

'차단'보다 '대화'가 먼저다. "봤구나. 어땠어?" 이 한마디가 아이 마음의 안전벨트가 되어준다.

"이상했어."
"웃기긴 한데 좀 요상했어."
"기분이 꺾였어…"

그때 아이는 자신이 느낀 감정표현을 슬슬 꺼내기 시작한다. 이것이 바로 감정과 성을 연결 짓는 시작점이다. 엄마가 꼭 외워야 할 건 정답이 아니라 리액션이다.

"왜 저 언니는 옷이 없어?"
"오~ 반짝이 옷이지? 엄마는 저거 입으면 감기 걸릴 듯. 넌 어땠어? 멋지다고 느껴졌어?"
"키스했어~!" (낄낄거리며 따라할 때)

"어른들이 사랑을 표현할 때 저렇게 하기도 해~ 근데 키스는 진짜 좋아하는 사람끼리, 나중에 커서 하는 거야~ 지금은 뽀뽀가 최고지!"

"웃긴데, 기분이 좀 이상했어."
"그럴 수 있어. 그런 영상 보면 그런 기분 들 수 있지. 말해줘서 고마워. 같이 보니까 더 좋다!"

엄마는 "그 느낌 말해줘서 고마워." 이 말 하나면 된다. 이제는 "그런 거 보면 안 돼!" 대신 "그랬구나, 어땠어?"가 먼저 나올 수 있어야 한다. 아이에게 금지가 아닌 해석을 주고, 두려움이 아닌 신뢰를 남긴다. 우리는 유튜브를 막을 순 없어도 아이 마음속 해석의 언어는 만들어줄 수 있다.

아이와 함께 배우는 미디어 선별 놀이

"엄마! 뽀로로 보다가 이상한 거 나왔어!"

다섯 살 지우가 태블릿을 들고 거실로 뛰어왔다. 표정이 영 심상치 않았다. 화면을 보니 '뽀로로' 제목을 달았지만 내용은 전혀 달랐다. 지우 엄마는 침착하게 태블릿을 받아들였다.

"어머, 이건 진짜 뽀로로가 아니네? 가짜 뽀로로가 장난친 거야. 엄마가 진짜 뽀로로 찾아줄게."

그날 저녁, 지우 엄마는 유튜브 설정을 뒤적이며 생각했다. '키즈 모드로 해놨는데도 이런 게 뜨다니. 완전 차단은 어렵겠구나. 알고리즘아, 너도 아직 어리구나.' 유튜브 알고리즘도 어찌 보면 덜 자란 아이 같다. 제목에 '뽀로로'만 있으면 무조건 키즈 콘텐츠라고 착각하고, 한 번 잘못 클릭하면 그걸 좋아하는 영상이라고 기억해 추천을 퍼붓고, 어른들이 만든 패러디 영상을 진짜로 착각하기도 한다.

그래서 지우 엄마는 지우와 함께 '유튜브 탐정 놀이'를 시작했다.

"지우야, 진짜 뽀로로 찾는 탐정이 되어볼래? 진짜 뽀로로는 이

마크가 있어. EBS 마크랑 체크 표시 봐봐."

공식 채널의 구독자 수, 로고, 영상 톤을 하나씩 알려줬더니 지우는 "가짜 찾았다!"를 외치며 탐정처럼 신나 했다. 한 엄마가 학부모 모임에서 말했다.

"키즈 유튜브로 해놔도 이상한 게 자꾸 떠요. 완전 스트레스…"

지우 엄마가 웃으며 말했다.

"맞아요. 키즈 유튜브도 완벽한 보모는 아니더라고요. 그래서 저희 집은 '15분 같이 보기'를 하고 있어요."

✓ 우리 집 미디어 규칙

- 처음 15분은 함께 보며 무슨 영상인지 파악하기
- "이상한 거 나오면 엄마 부르기" 약속
- 하루 한 번 시청 기록 같이 보기
- 재미있었던 영상은 꼭 이야기 나누기

이렇게 하니 지우도 자기 영상에 대해 더 주체적으로 말하게 되고, 엄마도 무조건 통제하기보다 감각을 나눌 수 있게 되었다. 요즘 아이들은 어쩔 수 없이 미디어와 함께 자란다.

"엄마, 이거 AI야. 진짜 공룡 아냐."

"이 채널 이름 좀 이상하지 않아?"
"이건 어른들이 장난친 영상인 것 같아."

아이가 영상의 진짜와 가짜를 구별하고, 불편한 걸 보면 "엄마한테 말해야겠다."는 감각을 갖게 된 것. '미디어 똑똑이'로 자라고 있다는 걸 느낀다. 유튜브 안전 설정, 생각보다 간단하다. 이것만 기억하면 된다.

✓ 실전 설정 팁

- 유튜브 키즈 앱 사용 (일반 유튜브 X)
- 나이는 실제보다 1~2살 어리게 설정
- 검색 기능 OFF (추천 영상만 보기)
- 시청 타이머 설정
- 아이와 함께 '차단 목록' 정리 놀이

"이 채널 별로지?"
"응. 차단해버리자!"

아이들은 이것도 게임처럼 즐긴다. 유튜브를 완전히 차단할 수도 없고, 24시간 감시할 수도 없다. 그 대신 우리가 할 수 있는 건 다음과 같다.

- 아이에게 스스로 판단하는 눈을 길러주기
- 이상한 걸 봤을 때 말할 수 있는 관계 만들기
- 이 모든 과정을 부담 대신 놀이처럼 함께 하기

요즘 지우는 태블릿을 들고 이렇게 말한다.
"엄마, 이거 봐도 돼요? 진짜 같은데, 확실하지 않아서…"
엄마는 미소 지으며 옆자리를 톡톡 친다.
"그래, 같이 보자. 우리 탐정님이 잘 골랐는지 엄마도 궁금하네?"

완벽한 필터보다 같이 보고 말할 수 있는 관계, 그게 진짜 '미디어 필터링' 아닐까.

올리기 전에 물어봤나요?
– 아이의 몸과 권리를 지켜주는 디지털 성감수성

"엄마, 그 사진 인스타에 올렸어?"

초등학교 1학년 현우는 엄마가 찍은 자기 사진을 보고 슬쩍 물었다.

"왜? 그거 귀엽잖아. 다 네가 어릴 때 욕조에서 놀던 사진인데~"
엄마는 아무렇지 않게 웃으며 말했다. 하지만 현우는 웃지 않았다.

"그건… 나 안 입고 있었잖아."

어릴 때는 너무 귀엽고 사랑스러워서 목욕 사진도, 수영장 사진도, 팬티만 입고 웃는 모습도 예뻐 보인다. 그래서 부모는 그 순간을 '기억'하고 싶고, '기록'하고 싶고, 때로는 '공유'하고 싶다. 하지만 아이의 입장에서 보면 그 사진은 누군가에게 '노출'일 수 있다. 아이의 몸과 일상은 부모의 자산이 아니라, 아이 스스로 지켜야 할 권리의 일부다.

요즘 아이들은 빠르게 디지털 세상을 경험한다. 유치원 졸업앨범도, 학예회 영상도 온라인 링크로 전달된다. 학교 공지에도 얼굴이

나오고, 어린이집 알림장 앱에도 사진이 매일 올라온다.

이제 아이들은 어른보다 먼저 디지털 흔적, 디지털 존재감을 가지게 된다. 이걸 '디지털 발자국'이라고 부른다. 한 번 올린 사진은 삭제해도 완전히 사라지지 않는다. 누군가 저장하고, 재사용하고, 잘못된 방식으로 편집하거나 전혀 다른 맥락에 이용될 수도 있다.

실제로 일상 속 아이 사진이 악용되는 사례도 많다. 수영복 사진이나 하의 노출 사진이 무단 캡처돼 불법 사이트에 공유되는 경우, SNS에서 귀엽다는 댓글을 받는 아이 사진이 특정 커뮤니티에 '소재'로 활용되는 경우, 아이 이름과 유치원 이름이 함께 노출되며 사생활 침해와 연결되는 경우 등. 엄마는 '기억을 남기고 싶었을 뿐'이었지만, 누군가에겐 그게 '악용의 소재'가 된다.

그렇다면 어떻게 해야 할까? 아이에게 먼저 물어본다. "이 사진, 엄마가 올려도 괜찮을까?" 아이가 싫다고 하면, 올리지 않는다. 이건 단순한 예의가 아니라, '내 몸과 내 이미지에 대한 결정권'을 아이에게 돌려주는 일이다. 그리고 아이가 판단하기 어려운 나이라면, 부모가 스스로 묻는다.

"이 사진을 낯선 사람이 본다면 어떨까?"
"아이의 이름, 나이, 위치가 함께 노출되는 건 아닌가?"
"이 사진은 이이에게 자존감이 될까, 창피함이 될까?"

부모가 아이의 몸을 소중히 대하는 태도는 디지털 공간에서도 이어져야 한다.

✓ 아이에게 알려줘야 할 것들

- "너의 얼굴, 너의 몸은 너의 것이야."
- "사진을 올릴 땐 네 허락이 필요해."
- "누가 너를 몰래 찍거나, 마음대로 올리면 그건 잘못된 일이야. 꼭 엄마 아빠에게 말해줘."

⊘ 아이와 함께 해보는 디지털 권리 연습
아이와 함께 해보는 디지털 권리 연습

부모가 아이에게 줄 수 있는 작지만 강력한 존중의 경험이다. 디지털 성 감수성은 기술이 아니라 태도에서 시작된다. 아이에게도 '내 사진은 내가 결정할 수 있다'는 경험이 필요하다.

아래 활동을 일상에서 가볍게, 반복해서 해보자. 이런 작은 실천이 쌓이면 아이는 '내 몸은 내 거'라는 감각을 자연스럽게 익히게 된다.

1. 사진 한 장, 함께 결정하기

- 아이에게 묻고 기다린다.
- 아이가 "싫어"하면 이유를 묻지 말고 바로 존중한다.

- 결정권이 자신에게 있다는 경험을 반복해서 심어준다.
  → "이 사진, 엄마가 친구들한테 보여줘도 괜찮을까?"
  → "이건 그냥 엄마 폰에만 저장해둘까?"

2. 함께 '올릴 수 있는 사진'과 '올리지 말아야 할 사진' 골라보기

- 아이와 함께 앨범을 보며 이야기해 본다.
- 아이 스스로 판단할 기회를 준다.
- '예쁘니까 괜찮아'보다 '기분이 편한지'를 기준으로 삼는다.
- 아이가 나중에 커서도 이 사진을 봤을 때 어떤 기분일지 함께 상상해 본다.
  → "이 사진은 수영복 입고 있으니까 엄마는 저장만 하려고 해."
  → "이건 얼굴도 안 나왔고 재밌는 장면이니까 괜찮을 것 같아. 너는 어때?"

3. '디지털 세상에서 몸을 지키는 법' 알려주기

- 직접 겪지 않아도 미리 알고 있도록 반복해서 들려준다.
- '허락받기', '싫다고 말하기', '부모에게 알리기'를 자연스럽게 연습한다.
- 일상 속에서 사진을 찍을 때마다 가볍게 물어보는 습관을 들인다.
  → "누가 너를 몰래 찍거나, 마음대로 올리면 꼭 말해줘야 해."

→ "사진은 허락 없이 절대 찍거나 올리는 게 아니야."
→ "친구 사진도 꼭 물어보고 올려야 해."

4. 디지털 권리를 키워주는 말 습관

→ "네 사진은 네 거야."
→ "네가 싫으면 안 올릴게."
→ "엄마가 아무리 예뻐도, 네 마음이 더 중요해."
→ "다른 사람이 봐도 되는 사진인지, 우리 같이 골라보자."
→ "기억은 마음에 남기고, 사진은 너랑 상의해서 정할게."

디지털 성 감수성은 거창한 개념이 아니다. 부모가 아이의 사진을 올리기 전 잠깐 멈추고, 묻고, 함께 결정하는 태도 거기서부터 시작된다. 디지털 공간에서 내 사진, 내 얼굴, 내 몸을 어떻게 다루는지 아이에게 경험으로 알려주는 것이 바로 지금의 성교육이다. 이건 단순히 사진 한 장을 올릴까 말까의 문제가 아니라 아이의 몸, 아이의 자율성, 아이의 감정에 대해 존중하는 태도와 감각을 키워주는 성교육이다.

부모가 '올릴까 말까'를 묻는 한마디에서 아이의 자율성과 경계감, 디지털 권리가 자란다. 쫄지마, 엄마 아빠. 아이에게 묻는 이 짧은 습관이 아이의 '자기 결정권'을 단단하게 키운다.

핑크색을 좋아하면 안 되는 이유는 없잖아

유치원에서 한 아이가 분홍색 유니콘 가방을 메고 왔다. 누군가가 말했다.

"그거 여자 거잖아. 넌 남자잖아."

그 말을 들은 아이는 그 가방을 다시 메고 오지 않았다. 아이들은 처음에 성별을 따지지 않는다. 좋아서 선택하고, 재밌어서 꺼내고, 궁금해서 물어볼 뿐이다. 그런데 어느 순간부터 어른들이 선을 긋는다.

"그건 여자애들이 좋아하는 거야."
"남자가 무슨 분홍색이야."

무심코 던진 말들이 아이에게는 금지와 지침이 된다. 특히 남자아이들에게는 그 선이 더 단단하다. 분홍색을 고르면 걱정스러운 눈빛이 따라붙고, 공주 놀이를 하겠다고 하면 장난식 말투로 방향을 돌린다. "너도 남자답게 좀 놀아 봐." 그 순간부터 아이는 자기 안의 어떤 감각을 감추기 시작한다.

반대로 여자아이가 활동적이고 추진력 있으면 "와, 장군감이다!" "우리 딸 멋지다~"라고 웃으며 넘긴다. 뭔가를 거스르는 듯해도 괜찮고, 심지어 든든하다고 칭찬도 받는다. 그런데 남자아이가 울면, "남자가 울면 못 써." 남자아이가 겁을 내면, "남자답지 못하게 왜 그래?" 감정을 표현하는 아이의 시도는 그 순간 '실격' 처리된다.

우리는 너무 오랫동안 '남자다움', '여자다움'이라는 말을 칭찬처럼, 조언처럼, 혹은 농담처럼 써 왔다. 하지만 그 말 안에는 늘 '이래야 한다'는 기준이 숨어 있다. 그 기준이 반복되면 아이는 자신을 조절하기 시작한다.

'나는 이렇게 하면 안 되나 보다.'
'이건 여자애들 거니까 안 해야지.'
'울면 안 돼. 참아야 해.'

사실 아이가 하고 싶었던 건 그냥 예쁜 걸 고르는 일이었고, 하고 싶었던 놀이는 그저 이야기 속 주인공이 되어보는 것이었다. 그런데 거기에 '성별'이 덧씌워지는 순간, 아이는 좋아하는 마음까지 검열하게 된다. 성교육을 한다고 하면 많은 부모들이 묻는다.

"성평등은 어떻게 설명해야 하죠?"

사실 아이에게 성평등을 말로 가르칠 필요는 없다. 그보다 먼저, 그 아이가 자기 감정과 취향을 마음껏 표현해도 괜찮은 사람이라는 걸 느끼게 해주는 것. 그게 성평등의 시작이다.

"너 여자니까 얌전하게 해야지" 대신 "지금은 좀 차분히 해볼까?"
"남자가 왜 울어" 대신 "속상했구나. 울고 나면 괜찮아질 거야."
"그건 여자 색이야" 대신 "이 색 좋아하는구나!"

그런 말 한 마디가 아이에게는 '나는 나대로 괜찮구나'라는 확신이 된다.

성별은 태어나는 순간 정해지지만, '나는 어떤 사람인가'라는 감각은 부모가 매일 던지는 말 안에서 자란다. 핑크색을 좋아한다고, 인형을 좋아한다고, 그 아이가 혼란을 겪는 게 아니다. 그걸 못 받아주는 시선이 아이를 혼란스럽게 만든다.

성교육은 어려운 개념을 알려주는 일이 아니라 지금 내 아이가 선택하는 감정, 놀이, 색깔 하나하나에 "그래, 너는 그렇게 느꼈구나."라고 말해주는 일이다. 그 말이 반복되면, 아이는 남자다움이나 여자다움이 아니라 사람다움 안에서 자라날 수 있다. 그리고 그건 세상 어떤 이론보다도 강력한 성 감수성 수업이 된다.

성으로 웃기는 문화

쉬는 시간, 남자아이 넷이 교실 한쪽에서 뭔가를 만들고 있다. 종이컵 두 개를 테이프로 붙이더니, 한 아이가 외친다.

"이건 고추 레이저총이다! 빔 쏜다! 빔!"

다른 아이들은 넘어갈 듯 웃는다.

"잠지 방패로 막아라~ 잠지 보호막 발사!"

그 옆에서 그림을 그리던 여자아이는 표정이 굳고, 슬며시 자리를 옮긴다. 선생님은 처음엔 웃으며 넘기려다 귀에 걸린 단어들에 생각이 멈춘다. 이걸 그냥 놀이로 봐야 할까?

요즘 교실과 놀이터에선 성기 명칭이 '가장 쉽게 웃음을 끌어낼 수 있는 단어'로 쓰이고 있다. 아이들은 그 단어들이 가진 긴장감을 안다. 평소에는 잘 꺼내지 않는 말, 어른들이 말하면 조용해지는 말, 그 말들을 웃으면서 툭툭 꺼낼 수 있다는 것만으로 기분이 짜릿해지고, 자기가 센 느낌이 든다.

이건 성에 일찍 관심이 생겼다는 뜻이 아니라, '말의 힘'이 어디서 시작되고 어떻게 작동하는지를 배우는 과정이다. 단지 그 말이 '성기'라는 이유로 아이는 무의식적으로 권력을 느낀다. 문제는, 그 말들이 반복되면서 몸은 장난이 되고, 성은 웃음거리가 되며, 누군가에게는 조롱이 된다. 이때 부모가 할 일은 "그런 말 쓰면 안 돼." 하고 자르거나 "지금 그게 얼마나 잘못된 건지 아니?"하고 훈계하는 게 아니다. 그 말의 맥락과 느낌을 같이 정리해 주는 것이다.

예를 들어 아이가 "고추 레이저총!"하고 신나게 말한다면 이렇게 받아줄 수 있다.

"고추 레이저총이라… 음. 일단 작명 센스는 인정. 근데 우리 몸 부위 이름이 총이 되는 순간, 네 고추는 지금 위험해지고 있다는 사실은 알지?"

아이가 피식 웃으면, 그 타이밍을 놓치지 않고 덧붙인다.

"고추는 총도 아니고, 방패도 아니고, 그냥 너의 소중한 부위야. 그걸로 웃기면, 나중에 진짜 누가 너 몸을 웃기게 취급할지도 몰라. 그리고 그런 건 별로 멋있지 않지 않아?"

혹은 조금 더 가볍게, 이렇게도 말할 수 있다.

"잠지 방패는 좀 오버였다. 웃기려고 한 건 알겠는데, 그 말 듣고 옆에 있던 친구 표정 봤어? 말로 웃길 땐, 모두가 웃는 게 진짜 센스야. 누군가가 찜끔하면, 그건 그냥 시끄러운 거야."

이런 말은 교훈처럼 들리지 않지만, 아이가 자기 언어의 영향력을 다시 바라보게 만드는 말이다. 지적보다 뉘앙스, 훈계보다 여운. 아이와 언어를 나누는 방식은 '옳고 그름'을 넘어 '기분과 관계'를 건드려야 오래 남는다.

성기로 웃기는 문화는 웃기고 싶어서 시작되지만, 누군가의 몸을 무시하는 말로 흐르기 쉽다. 그걸 한 번은 붙잡고, 한 번은 정리해 주는 어른이 꼭 필요하다. 그 정리가 유쾌하다면, 더 잘 스며든다. 결국 우리는 아이에게 말해줘야 한다.

"너는 웃기고 싶었을 거야. 근데 진짜 웃긴 사람은 남의 몸을 갖고 장난치는 사람이 아니라, 말로 기분 좋게 해주는 사람이야."

몸의 언어가 장난이 되지 않도록, 아이의 말은 어른이 한 번쯤 다듬어줘야 한다. 칼끝이 아니라, 연필심처럼. 웃기지만, 부드럽게. 그게 우리가 해줄 수 있는 성교육의 한 방식이다.

얘가 내 고추 만졌어요!
– 장난일까? 성폭력일까?

"선생님! 00이가 제 고추 만졌어요!"

울먹이며 선생님 손을 잡고 온 아이. 뒤따라오는 아이는 '그냥 장난이었어요…'라고 중얼거린다. 순간 교실 안 공기가 팽팽해진다. 이럴 때, 교사는 심장이 벌렁거리고 부모는 머릿속이 하얘진다.

"우리 애가 성폭력 가해자라고요?"
"아니, 피해자라고요?"

그런데 사실 이건 '그 사이 어딘가'의 이야기다. 장난도 아니고, 범죄도 아니다. 성적 발달 중인 유아들이 자주 벌이는, 아주 자연스러운 '놀이형 성행동' 중 하나. 아이는 왜 친구의 고추를 만졌을까? 간단하다. 궁금해서.

"고추는 왜 이렇게 튀어나왔지?"
"나는 없는데, 저 친구는 왜 있지?"
"우리 아빠도 그런 거 있던데, 친구 것도 그런가?"
이 시기의 아이는 '성'보다 '관찰'에 더 가까운 존재다. 직접 보고,

만져봐야 이해되는 나이. 그런데 문제는, 그 궁금증이 '나만의 방식'으로 해결된다는 점. 그래서 몸으로 부딪치고, 서로의 경계를 넘나든다.

그런데 왜 이렇게 심각하게 느껴질까? 부모는 무섭다. 혹시 우리 아이가 이상한 행동을 한 건 아닐까? 그 애가 우리 애한테 상처를 준 건 아닐까? 특히 성기를 만졌다는 말은 어른들에게 곧바로 '성범죄'라는 키워드로 연결된다. 하지만 유아들은 '성적인 의도'가 없다. 단지, 성기가 궁금할 뿐.

그럼 그냥 넘어가도 되는 걸까? 그건 또 아니다. 아이의 행동은 '성폭력'이 아니지만, '상대가 싫어했는가?', '경계를 침범했는가?' 분명히 짚고 넘어가야 한다. 이 시기 아이들은 '하고 싶으면 하는 게 놀이'라서 '상대의 기분'이나 '동의' 같은 개념이 없다. 그래서 배워야 한다. 이렇게 말해주자.

"너는 궁금했구나. 그런데 친구가 싫다고 했잖아. 싫다고 하면 멈춰야 해. 그건 중요한 약속이야."

"성기는 자신만이 만질 수 있어. 그렇게 약속으로 만들었어. 그래서 만지거나 보여주는 건 서로 예의가 아니야."

"장난처럼 느껴졌을 수 있지만, 친구는 놀랐어. 다음엔 어떻게 하면 좋을까?"

부모가 꼭 기억해야 할 것 아이는 지금 배우는 중이다. 잘못된 아이가 아니라, '경계를 배우고 있는 중'이다. 양쪽 아이 모두 보호받아야 한다. 피해 아동은 "넌 잘못이 없어, 말해줘서 고마워." 가해 아동은 "넌 나쁜 애가 아니야, 이건 배워야 하는 거야."

'누가 더 잘못했는지' 따지지 말고, 두 아이 모두의 입장을 들어보자. 양쪽 부모 모두 '성 발달 중의 놀이 행동'임을 공유해야 한다.
'잘못한 행동'은 알려주되, '잘못된 아이'라는 인식은 주지 않아야 한다. 이럴 때 가장 조심해야 할 것은 부모의 놀란 감정이 아이에게 그대로 전달되는 것이다.

"너 큰일 났어."
"너 그런 거 어디서 배웠어?"

이런 말은 아이를 혼란에 빠뜨리고, 성에 대한 죄책감을 키운다. 성교육은 정보보다 관계다. 부모가 아이의 말과 행동을 어떻게 바라보느냐가 그 아이의 평생 성 인식에 깊게 각인된다.
아이의 성 행동을 '이상함'이 아니라 '질문'으로 받아들이는 순간, 우리는 아이와 함께 성에 대해 안전하게 말할 수 있는 첫 단추를 끼우는 셈이다.

성에 대해 쫄면, 아이는 더 혼란스러워진다. 지금은 놀이지만, 이 경험이 수치심으로 남으면 몸에 대한 부끄러움, 성에 대한 왜곡된 인식으로 이어진다.

"얘가 내 고추 만졌어요."는 아이들이 성 인식의 발달로 보내는 신호다. "이건 뭔가 이상해요. 나 지금 뭔가 불편해요. 이게 뭔지 좀 알려주세요." 그 물음에 성급하게 선을 긋거나 죄를 씌우지 말고, 편안하게 마주 앉아 함께 이야기해 보자.

처벌보다 회복
- 성 문제는 유아의 학습 기회

어느 날 유치원 교실에서, 아이들 몇 명이 구석에서 놀고 있었다. 교사는 아이들의 웃음소리를 따라가 보니, 한 아이가 친구의 바지를 살짝 내리며 소리쳤다.

"야, 너랑 나랑 다르다!"

옆에 있던 아이들은 깔깔 웃었고, 어떤 아이는 얼굴이 빨개져 울먹였다. 곧장 상황을 정리한 교사는 부모에게 사실을 알렸다. 하지만 돌아온 반응은 제각각이었다.

"이건 그냥 장난이잖아요." 하는 부모가 있는가 하면,
"이건 심각한 문제예요. 강하게 혼내야 하는 거 아닌가요?" 하는 부모도 있었다.

현장에서 가장 당황스러운 건 바로 이런 순간이다. 유아기 아이들이 보이는 성 관련 행동은 대부분 호기심과 놀이에서 비롯된다. 하지만 부모들은 성 문제 앞에서 다른 문제보다 훨씬 예민하고, 더 무겁게 받아들이곤 한다. 친구를 밀었을 때는 "다음부터 조심해."라고

지도하면서도, 친구 몸을 만졌을 때는 "큰일 났다!"라는 반응이 먼저 나온다.

그러나 아동발달학에서 분명히 말하는 것은, 10세 미만의 성적 행동은 대부분 탐색과 놀이의 성격이라는 사실이다. 신체의 차이가 궁금해지고, 엄마 아빠 놀이에 몰두하며, 자기 몸을 만지는 행위가 나타나는 것은 정상 발달의 일부다. 아이는 아직 선악의 기준이나 성적 의도를 가진 존재가 아니다.

그런데 이때 부모가 "더럽다", "못된 짓이야", "하지 마"라고 강하게 처벌하면 어떻게 될까? 아이는 호기심 대신 부끄러움과 죄책감을 먼저 배우게 된다. 성은 말하면 혼나는 주제, 성은 숨겨야 하는 부끄러운 것이라는 인식이 자리 잡는다. 이는 훗날 사춘기와 청소년기에 부모와 대화를 막아버리는 가장 큰 벽이 된다.

여기서 더 주의할 점은 피해 아동이다. 성 문제 상황에서 부모가 '행동을 한 아이'를 강하게 처벌하는 데만 집중하면, 피해 아동은 자신의 경험을 '나쁜 일, 부끄러운 일'로 각인할 수 있다. "내가 당한 일이 친구를 이렇게 큰 문제로 만들었구나."라는 부담감과 죄책감이 생기기도 한다. 피해 아동이 성적 경험을 수치심과 두려움으로 기억하게 되면, 훗날 건강한 성 인식과 관계 형성에 더 큰 어려움을 겪을 수 있다. 따라서 가장 먼저 필요한 건 피해 아동의 안정이다.

"너는 잘못한 게 없어. 네가 불편했구나. 말해줘서 고마워."

이 말이 피해 아동에게는 회복의 첫걸음이 된다.
동시에 행동을 한 아동에게는 이렇게 알려줘야 한다.

"궁금했구나. 하지만 친구 몸은 친구 거라서 허락 없이 만지면 안 돼. 네 몸도 마찬가지야."

이 두 가지를 함께 전달할 때, 아이들은 각각 존중과 책임을 배우고, 사건은 처벌이 아니라 학습으로 전환된다.

물론 모든 행동이 괜찮다는 뜻은 아니다. 상대가 싫어했는데도 멈추지 않았다면 반드시 개입이 필요하다. 그러나 이마저도 처벌이 아니라 회복과 재학습의 과정이어야 한다. 행동을 한 아동은 경계와 동의를 배우고, 피해 아동은 수치심이 아닌 존중을 경험해야 한다.

유아기의 성 문제는 '범죄'도, '부끄러운 사건'도 아니다. 오히려 평생의 성 인식을 형성하는 가장 중요한 학습 기회다. 부모가 이 기회를 처벌로 닫아버리면 아이들은 성을 두려움과 죄책감으로 배우게 된다. 그러나 존중과 회복의 시선으로 열어주면, 아이들은 성을 긍정적으로 배우고 건강하게 자라난다.

부모님들께 꼭 전하고 싶다. 성 문제가 발생했다고 해서 두려움에 아이를 죄인 취급하지 말자. 차분히 대화하고, 피해 아동에게는 안정을, 행동 아동에게는 배움의 기회를 주자. 성교육의 본질은 처벌이 아니라, 존중과 회복이다. 이 관점을 놓치지 않을 때, 우리 아이는 모두 안전하고 건강한 성 인식의 길 위에 설 수 있다.

✅ 부모와 교사가 함께 지켜야 할 3원칙

1. 피해 아동의 안정이 최우선이다.

"네 잘못이 아니다"라는 메시지를 분명히 전하고, 수치심이 아닌 존중의 경험으로 남겨야 한다.

2. 행동 아동에게는 처벌이 아닌 재학습 기회를 준다.

경계와 동의의 개념을 차분히 알려주고, 사과와 함께 존중의 학습기회를 갖도록 돕는다.

3. 교사의 교육적 판단을 존중한다.

현장은 발달과 교육의 원리에 따라 접근해야 하며, 부모와 교사가 같은 방향을 공유할 때 아이는 안전하게 배울 수 있다.

성폭력 대응
- 누가 가장 먼저 평정심을 가져야 할까

"엄마, 걔가 내 잠지를 만졌어."
"아이랑 놀다가 그런 일이 있었대요."
"어디선가 아이가 이상한 행동을 보고 따라 했어요."

이 말을 들은 순간, 부모의 시간은 잠시 멈춘다. 놀람, 분노, 충격, 수치심, 불안… 복잡한 감정이 동시에 밀려오지만, 이럴 때 부모가 가장 먼저 기억해야 할 건 단 한 가지다. 아이보다 먼저, 부모가 평정심을 가져야 한다.

성폭력이라는 말의 무게에 눌리면 우리는 너무 빠르게 '성'이라는 렌즈로만 사건을 바라보게 된다. 하지만 아이가 겪은 건 '성'이 아니라 감정의 침범, 자기 몸의 경계가 무너진 경험이다.

✓ 유아~초등 저학년: '성'이 아니라 '놀이'로 접근해야 할 시기

10세 미만의 아이들에게는 성적 개념보다 신체에 대한 호기심이 먼저 생긴다. 그래서 이 시기에 벌어지는 많은 성 관련 행동은 폭력이라기보다는 '놀이', 또는 '따라 하기'인 경우가 많다.

하지만 부모는 그 말만 들어도 충격이 앞서고, "그런 걸 왜 해?"

"어디서 배운 거야?" 같은 말로 아이를 몰아붙이게 되기 쉽다.

그 순간, 아이는 "내가 이상한가?", "엄마가 화낼 일이었나?", "다시는 말하면 안 되겠구나"라고 받아들이게 된다. 놀이였는지 폭력이었는지 판단하려면 '강제성'과 '감정'을 확인해야 한다. 아이의 설명에 성적인 의미를 덧씌우지 말 것. 무엇보다 아이가 '말해도 되는 분위기'를 느끼게 하는 것이 가장 우선이다.

"그랬구나. 네 몸이 불편했구나. 그 기분 말해줘서 고마워."

✓ 초등 고학년: '호기심'과 '권력'의 경계에서

이 시기부터는 성 호르몬의 변화와 더불어 '누가 더 아는지', '누가 더 용감한지'를 겨루는 사회적 위계가 성적 행동에 스며들 수 있다. 특히 반복적이거나 비밀 유지 강요, 위협이 있었다면 단순한 장난이 아니라 관계 안에서의 침해로 보아야 한다.

- 아이 말을 먼저 다 듣고, 판단은 나중에 할 것.
- 말의 흐름을 끊지 않고, 사건보다 감정을 물어볼 것.
- "그 순간 어땠어?" "어디가 제일 불편했어?"
- 상대방이 친구일 경우, 관계와 권력구조를 함께 살펴보기.

→ 이 시기 핵심은 사건보다 부모의 반응이 아이의 기억에 더 오래 남는다는 것.

✓ 성인에 의한 성폭력: 반드시 대응해야 하는 상황

가해자가 성인인 경우, 그것은 단 하나의 예외도 없이 법적 문제이며 명백한 범죄다. 이럴 때 부모는 아이를 믿고, 감정을 조절하며, 즉각 전문 기관에 연결해야 한다.

가해자가 지인, 교사, 친척 등 가까운 사람일수록 부모의 충격은 더 크지만, 그럴수록 부모가 감정에 잠식되지 않는 것이 아이의 회복에 결정적이다. 부모가 '성'이라는 개념으로 이 사건을 재단하면 아이는 자기 몸에 대한 감각, 성 개념 자체를 수치심으로 학습할 수 있다. 성폭력은 '성의 문제'가 아니라 '폭력의 문제'임을 분명히 해야 한다. 아이의 감정에 반응해야지, 성 개념을 주입해서는 안 된다.

"무서웠겠구나."
"기분이 이상했겠다."
"네 잘못이 아니야."

이런 말이 아이를 다시 자기 자리로 돌아오게 해준다.

✓ 부모가 연락해야할 곳

사건이 발생했을 때, 부모가 감정적으로만 대응하거나 사적인 해결에만 의존하는 것은 아이의 회복을 지연시키고, 2차 피해를 유발할 수 있다. 연령과 상황에 따라, 다음의 공식적인 도움 기관에 즉시 연락할 수 있다.

상황	연락처 / 기관	설명
긴급 상황	112, 117	즉시 신고, 보호 요청 가능
전 연령 대응	여성긴급전화 1366	24시간 상담 연계 지원
아동·청소년 피해	해바라기센터	의료·상담·법률 통합 지원 (www.sunflower-center.or.kr)
만 13세 미만 아동	아동보호전문기관(1391)	상담 조사 보호 조치
학교 내 사건	학교 전담경찰 / 교육청	학교폭력·성희롱 분리조치 가능

성폭력 사건은 그 자체보다 어떻게 회복되느냐가 훨씬 더 중요하다. 아이가 피해자로 머무르지 않도록, '말할 수 있었고, 누군가가 들어줬고, 도와줬다'는 기억을 남겨주자.

그게 아이를 다시 '괜찮은 나'로 이끄는 시작이다. "이건 너의 잘못이 아니야." 그 한마디는 아이의 회복을 시작하게 하는 문장이다. 그리고 부모가 그걸 믿고 말할 수 있을 때, 아이는 삶을 다시 자기 자리로 데려올 수 있다.

✅ 부모가 할 수 있는 말 & 하지 말아야 할 말

할 수 있는 말	하지 말아야 할 말
"그 일이 불편했구나."	"정확히 뭐라고 했는지 다시 말해봐."
"그 감정 말해줘서 고마워."	"네가 먼저 뭔가 한 건 아니지?"
"이건 네 잘못이 아니야."	"왜 가만히 있었어?"
"그 사람이 잘못한 거야."	"그런 얘기 친구들한테 절대 말하지 마."
"다시 그런 상황이 생기면 꼭 말해줘."	"다신 그런 사람 만나지 마!"

부모가 기억할 것은 아래와 같다.

- 상황을 캐묻기보다 감정을 들어줄 것
- 정리된 말보다 '진심 있는 반응'이 더 중요함
- 수치심과 죄책감 대신 '신뢰와 보호감'이 전달되도록

✅ 대화 체크리스트 부모의 감정 점검

– 아이의 이야기를 들은 뒤, 스스로에게 먼저 물어보자.

- ☐ 나는 지금 분노에만 휩싸여 있지는 않은가?
- ☐ 아이의 감정보다 사건의 사실 여부에 더 집착하고 있지는 않은가?
- ☐ 아이가 내 반응을 보고 더 말을 꺼내기 어려워하지는 않았을까?
- ☐ 성적인 문제'로 너무 빠르게 의미를 확장하고 있지는 않은가?
- ☐ "잘 말해줘서 고맙다."는 말을 했는가?

아이의 감정이 받아들여졌다는 느낌을 받을 수 있도록 부모의 반응은 심문이 아닌 공감이어야 한다.

✓ 심리상담 연계가이드

아이의 회복을 돕기 위해 전문가의 도움이 필요한 경우, 다음과 같은 기관에서 심리상담 및 정서 지원 서비스를 받을 수 있다.

기관	내용	연락처/링크
해바라기센터	아동·청소년·여성 대상 성폭력 통합지원 (의료·심리·법률)	www.sunflower-center.or.kr
아동보호전문기관	성폭력, 학대, 방임 피해 아동 보호 및 치료	www.korea1391.or.kr ☎ 1391
Wee센터 (교육청 산하)	학교 기반 심리 상담 및 긴급 개입	지역 교육지원청 홈페이지 참조
청소년상담복지센터	청소년 대상 무료 심리상담 및 긴급 보호	www.kyci.or.kr ☎ 1388

☎ 1366, 117, 112는 긴급 상황 시 24시간 대응 가능

상담은 문제 해결이 아니라 감정 회복의 시작이다.

(부록)

01
영아기부터 아동기까지
성 개념 발달단계

영유아 부모를 위한 쫄지마 성교육

영아기(0~2세)
– 성은 감각으로부터 시작된다

1. 시기 개요

생애 첫 성교육은 바로 이 시기부터 시작된다. 아직 말을 하지 못하는 시기라고 해서 성 개념이 없다고 생각하면 오산이다. 0~2세는 '몸으로 세상을 경험하는 시기'이며, 성도 예외가 아니다.

2. 신체 발달 특징

- 생후 18개월~24개월경부터 성기에 대한 자연스러운 관심이 시작됨
- 기저귀를 갈 때 성기를 만지기도 하고, 발기 반응도 종종 보임
- 몸의 자극에 민감하게 반응하며, 쾌·불쾌의 감각 구분이 뚜렷해짐
- 양육자와의 스킨십, 포옹, 눈맞춤이 신뢰와 애착을 형성함

3. 성 개념 발달 핵심

- 이 시기의 성은 개념이 아니라 감각과 반응의 영역
- "기분 좋다", "간질간질해", "편안하다"와 같은
- 신체 감각이 성의 기초 언어
- 반복적이고 안정적인 애착 경험이 몸과 감정의 연결을

- 학습하는 기초가 됨
- 성기를 만지는 행동은 대부분 쾌감을 확인하거나 편안함을 추구하는 자가자극

4. 주요 성 행동 및 문제
- 기저귀 갈 때 성기 만지기
- 배냇짓처럼 성기를 자극하며 잠드는 행동
- 발기나 유두 반응에 부모가 놀라거나 민망해할 때,
- 아이는 감각 표현을 억제당함
- 특정한 손가락, 인형, 담요 등에 몸을 비비며 안정을 느끼는 행동 등

◉ 부모 체크포인트

✓ 기저귀를 갈 때 "더럽다" "만지지 마" 같은 말 피하기

✓ 성기나 몸 일부를 만질 때 "기분 좋았구나~", "따뜻하네" 같은 감각 언어로 반응해 주기

✓ 아이의 몸 반응에 대해 부끄러움이나 민망함을 표현하지 않기

✓ 성기 만지기가 반복되면 염증, 불편한 옷, 혹은 졸림·지루함 상태인지 점검

- ✓ 자극 자체보다 아이의 감정 상태에 주목하기
  - 피곤함? 불안? 졸림?

영아기의 성은 '정보'가 아니라 '감각'이다. 이 시기 아이가 배우는 것은 '성 지식'이 아니라 "내 몸은 편안하고 안전하다"는 감각의 기억이다. 부모가 감각을 존중하는 방식으로 반응할 때, 성은 자연스럽고 건강한 방향으로 흘러간다.

유아기 전반(3~4세)
– 질문이 시작되는 시기

1. 시기 개요

이 시기의 아이는 걷고, 말하고, 세상에 '왜?'라고 묻기 시작하는 존재가 된다. 성에 대한 인식도 점점 언어화되며, 성기와 배설기관, 신체 차이에 대한 호기심이 폭발하는 시기다.

2. 신체 발달 특징

- 배변 훈련이 이루어지며 성기와 항문 주변의 감각이 민감해짐
- 남녀의 소변 방식 차이를 관찰하고 질문하게 됨
- 손으로 성기를 만지거나 당기는 행위가 늘어남
- 옷을 벗고 돌아다니거나, 신체 노출에 대한 수치심은 거의 없음

3. 성 개념 발달 핵심

- 성은 여전히 개념이 아닌 '관찰 → 호기심 → 질문'의 흐름
- 성별에 따른 몸의 차이를 인식하게 됨
- ("나는 왜 고추가 없어?", "언니는 왜 잠지야?")
- 이성 간 역할 구분을 따라 하며,
- "엄마 아빠 놀이", "결혼 놀이" 등을 시작
- 성기에 별명을 붙이거나 재미있는 단어로 표현하는 경향 있음

4. 주요 성 행동 및 문제

- 성기를 만지며 기분 좋다고 표현하거나 웃음 유발
- 또래와 서로 몸을 보여주거나 만지는 놀이 시도
- "결혼할래요", "선생님 가슴 만지고 싶어요" 등 말의 장난
- 성적인 말장난, 음담패설 비슷한 언어로 장난치기
- 어른이 과잉반응할 경우 혼란을 경험하거나 죄책감 형성

✅ 부모 체크포인트

- ✓ 성기 별명은 사용해도 되지만, 정확한 이름도 함께 알려주기
- ✓ 몸에 대한 질문에 "부끄러운 거야" 대신 "궁금했구나~"
- ✓ "이건 이상한 행동이야"라는 판단 대신, 관찰과 대화로 이해
- ✓ 옷 벗기 놀이나 성기 노출 상황이 있다면 놀이의 맥락을 파악
- ✓ 공공장소에서의 자위나 성기를 만진다면
  → "혼자 있을 때 하는 거야" 경계 언어 알려주기

3~4세는 아이가 '성'을 말로 묻기 시작하는 첫 시기이다. 성은 더 이상 부모만의 문제도, 아이만의 감각도 아닌 '함께 이야기해야 할 일상'이 되어간다. 아이가 성을 묻기 시작했다면, 당신은 이미 성교육을 시작한 것이다.

유아기 후반(5~6세)
– 관계와 비교, 역할놀이의 시기

1. 시기 개요

5~6세는 유아기 성 개념 발달의 전환점이다. 이 시기의 아이들은 더 적극적으로 또래와 관계를 맺으며, '엄마 아빠 놀이', '결혼 놀이', '짝짓기 흉내' 등 역할 놀이를 통해 사회적 관계와 성 역할을 흉내 내고 실험한다. 몸에 대한 비교, 친구와의 차이 인식, 자기 정체감도 형성되기 시작한다.

2. 신체 발달 특징

- 성기 구조의 차이를 명확하게 인식함
- 또래 친구의 몸과 자신의 몸을 비교함
  ("얘는 고추가 커요!", "나는 없어요!")
- 놀이 중 성기 노출이나 만지는 행동이 늘어남
- 사회적 수치심은 아직 낮고, 호기심과 흥미가 우선함
- 짝짓기나 결혼 같은 '역할-관계 중심 놀이'가 활발해짐

3. 성 개념 발달 핵심

- "나는 남자야", "나는 여자야"라는 성별 정체감의 확립
- 성별 역할의 흉내

- 성기는 단지 재미있는 대상이 아니라, 자신의 일부로 받아 들이기 시작
- 아이에 따라 자위행위 빈도가 증가하거나 더 몰래 하기도 함
- 점차 '내 몸의 주인은 나야'라는 감각이 형성됨

4. 주요 성 행동 및 문제

- 친구에게 성기를 보여주거나 "만져볼래?"와 같은 놀이 상황
- 성별 간 고정관념 발화
 ("여자는 공주니까 안 싸워", "남자는 울면 안 돼")
- 자기 성기를 몰래 만지며 쾌감 즐기기
- 성적 표현이 놀이 안에서 섞이면서 부모가 충격받는 경우 발생
- 수치심은 없지만 부모 반응에 따라 "나쁜 행동인가?" 혼란이 시작됨

◉ 부모 체크포인트

- ✓ 역할놀이 안의 성적 표현은 '관계 표현'이라는 관점으로 해석
- ✓ 친구와 몸을 보여주거나 만지는 행동에는 '상대 동의' 개념을 알려줄 기회
- ✓ "그런 건 하면 안 돼!"보다는
 "그건 친구 허락 없이는 할 수 없어"로 말 바꾸기

- ✓ 성기에 대해 묻거나 장난칠 때,
  정확한 명칭과 감정 언어로 대응
- ✓ 자위를 목격했을 때, 혼내거나 무시하지 말고
  '안전한 장소'와 '타이밍' 교육하기

아이는 관계 안에서 성을 이해한다. 5~6세는 '성기'가 궁금한 것이 아니라 친구와 나의 다름, 엄마와 아빠의 역할, 그리고 '나는 누구지?'라는 정체성과 관계에 대한 궁금함이 피어나는 시기이다. 성은 놀이이고, 그 안에는 존재감의 뿌리가 숨어 있다.

초기 아동기(7~9세)
– 경계가 생기고, 질문이 구체화된다

1. 시기 개요

초등학교에 입학하며 아이는 사회적 규범과 사생활 개념을 배우기 시작한다. 또래 관계에서의 비교, 성 역할 탐색, 구체적인 신체 변화에 대한 질문이 늘어나고, '다른 몸', '다른 가족', '다른 감정'에 대한 인지적 이해가 가능해진다.

2. 신체 발달 특징

- 신체 성장이 가속화되기 전의 정체기이나, 유방 멍울(여아),
- 발기 빈도(남아) 증가 가능
- 몸의 사적 영역에 대한 인식이 뚜렷해짐
- ("여긴 남한테 보여주면 안 돼")
- 화장실, 탈의실, 목욕 등에 대해 부끄러움을 표현
- 동성 친구와의 유대가 강해지고,
- 이성에 대한 장난과 관심도 동시에 증가

3. 성 개념 발달 핵심

- 자기 신체 주권에 대한 감각이 자리잡기 시작
- '싫다', '하지 마' 같은 경계 표현을 스스로 시도

- '아기 어떻게 생겨요?' 질문이 구체적으로 변함
- (예: "씨는 어디서 나와요?", "그럼 어떻게 들어가요?")
- 동영상, 만화, 광고 등 미디어를 통한 성 정보의 노출 시작
- 친구 사이에서도 성적 언어나 신체 비하가 문제 되기 시작

4. 주요 성 행동 및 문제

- 또래 간 '성기나 몸에 관한 단어'를 장난삼아 말하거나,
- 친구를 놀리는 수단으로 쓰기도 함
- 성기, 유방 등의 변화에 대한 관심과 놀람
- 자위는 은밀한 상황에서 지속되거나 줄어듬
- 성 정체성, 역할에 대한 고정관념이 강해지거나 반항적으로 표출
- 어른의 반응에 따라 죄책감 혹은 과한 호기심으로 발전 가능

◉ 부모 체크포인트

✓ 성에 대한 질문을 회피하지 않고 명확하게,
  과도하지 않게 설명하기

✓ 몸에 대한 장난, 놀림 등은 즉각 제지하고 감정 언어로 대화

✓ "그건 나쁜 거야!" 대신
  "그 말은 상대가 불쾌할 수 있어" 식의 사회적 언어로 피드백

✓ 자위를 목격했을 경우,
  강한 부정 대신 사적 공간과 적절한 방법 안내

✓ 미디어 노출 관리뿐 아니라, 함께 해석해 주는 대화력 키우기

 이제 아이는 '몸'을 넘어 사회 속의 나를 인식하기 시작한다. "이건 하면 안 돼"보다 "이건 다른 사람도 중요하게 여기는 거야"라는 관계적 언어가 필요한 시기.
 성은 윤리, 경계, 존중으로 한 발 더 확장되고 있는 중이다.

후기 아동기 (10~11세)
– 변화가 시작되고, 혼란이 스며든다

1. 시기 개요

10~11세는 몸과 마음이 동시에 변화하는 사춘기의 문턱이다. 신체적인 변화뿐 아니라 감정의 변화, 또래 관계의 긴밀화, 그리고 '성'이라는 주제를 본격적으로 받아들이기 시작하는 시기이다. 이제 성은 감각이 아닌 정체성, 관심, 기대, 두려움의 대상이 된다.

2. 신체 발달 특징

- 여아: 유방 멍울, 유두 통증, 생리 전 분비물 등 초기 2차 성징 시작
- 남아: 고환·음경 크기 증가, 음모 발달, 자발적 발기 및 몽정
- 체취 변화, 여드름, 신체 비대칭에 대한 민감도 증가
- 신체 변화로 인한 당황, 수치심, 위축감이 나타나기도 함

3. 성 개념 발달 핵심

- 성에 대한 인지 수준과 관심이 급격히 상승
- 성적 정보에 대해 스스로 탐색하거나 친구에게 묻는 행동 증가
- 자위에 대해 쾌감, 은밀함, 죄책감이 동시에 존재함
- 이성에게 호감이나 연애 감정을 느끼기 시작

부록1. 영아기부터 아동기까지 성 개념 발달단계

- 성 정체성, 성 역할에 대한 혼란이 생기기도 함

    ("나는 왜 이렇지?", "나는 남자 같은데 여자야?")

4. 주요 성 행동 및 문제

- 포르노, 웹툰, 야한 영상, 검색어 등을 통한 성 정보 습득 시도
- 자위를 몰래 자주 하거나, 과하게 집착하는 행동
- 성적 농담, 성적 표현이 담긴 언어를 친구들과 주고받음
- 신체에 대한 비교·비하·열등감을 가짐
- 성 정체성에 대한 불안

    ("내가 게이인가요?", "나는 왜 생리 안 해요?")
- 이 시기에 부모가 지나치게 통제하거나 금기시하면,
- 왜곡된 성 인식이나 죄책감 고착 우려

✅ 부모 체크포인트

- ✓ "이제는 다 알아"라는 오해는 금물
    - 아이의 언어는 성숙해도 감정은 미숙
- ✓ 성 관련 정보 탐색은 '통제'가 아니라 '이야기할 수 있는 관계'로 예방
- ✓ 자위는 수치가 아닌 감각
    - 은밀함, 사적인 예절, 횟수 등 가이드 제시
- ✓ 신체 변화에 대해 먼저 말 꺼내기

("요즘 몸이 좀 달라지는 것 같지 않아?")
- ✓ 아이가 성적 존재로 깨어나는 것을 '두려운 것'이 아니라 '자연스러운 것'으로 반응
- ✓ 성 정체성 관련 혼란이 있을 경우, 즉시 진단하려 하지 말고 충분히 들어주기
- ✓ 성 감수성 높은 미디어(웹툰, 드라마 등)에 대해 같이 보고 이야기 나눌 기회 만들기

후기 아동기는 '알고 싶다'와 '혼란스럽다'가 동시에 피어나는 시기이다. 이 시기 아이에게 필요한 건 금지도 허용도 아닌 '말할 수 있는 안전한 관계'이다. 성은 혼란일 수 있다. 하지만 그 혼란을 부끄럽지 않게 느끼도록 도와주는 것이 부모가 할 수 있는 최고의 성교육이다.

(부록)

02

현장에서 자주 나타나는 성 문제 10, 부모의 빠른 대처 가이드

영유아 부모를 위한 쫄지마 성교육

부모의 빠른 대처 가이드

아이들의 성 행동은 대부분 호기심에서 시작됩니다. 중요한 건 부모의 즉각적이고 지혜로운 반응입니다. 아래는 유치원·어린이집·초등 저학년 현장에서 가장 자주 나타나는 문제와, 부모가 바로 써먹을 수 있는 대화 가이드입니다.

1. 아이가 친구 몸을 만지는 경우

친구 몸에 손을 대는 건 호기심에서 비롯되지만, 경계 존중을 배울 기회로 삼아야 합니다.

→ "친구 몸은 친구의 거야. 만지고 싶으면 물어보고, 싫다고 하면 멈춰야 해."

2. 자기 성기를 자주 만지는 경우(자위)

자위는 자연스러운 행동이지만, 장소와 상황의 구분을 알려주는 게 필요합니다.

→ "네 몸을 만지는 건 괜찮아. 다만 혼자 있을 때 하는 게 좋아."

3. 아이들끼리 '엄마 아빠 놀이'를 하는 경우

역할놀이 자체는 문제없지만, 강제성과 아픔이 없는지 확인해야 합니다.

→ "놀이는 재미있게 하되, 억지로 하거나 아프게 하는 건 안 돼."

4. 공공장소에서 성 관련 질문을 하는 경우

부모가 당황해도 아이의 질문을 부끄럽게 만들지 않는 게 가장 중요합니다.

→ "좋은 질문이네. 집에 가서 편하게 더 이야기하자."

5. 성기 애칭(잠지, 고추)만 쓰는 경우

애칭은 자연스럽지만, 정확한 명칭을 함께 알려줄 필요가 있습니다.

→ "그 이름도 쓰지만, 정확한 이름은 음경, 음순이야. 둘 다 알아두자."

6. 옷을 벗고 전라로 돌아다니는 경우

신체 개방은 자연스럽지만, 사회적 규칙과 몸의 소중함을 함께 가르쳐야 합니다.

→ "네 몸은 소중하니까 집에서는 괜찮지만, 밖에서는 속옷을 꼭 입자."

7. "아기는 어디서 와요?"라고 묻는 경우

발달 수준에 맞춰 짧고 명확하게 설명하고, 필요하면 그림책을 활용하세요.
> → "엄마 씨앗과 아빠 씨앗이 만나서 아기가 생겨. 더 궁금하면 책으로 같이 보자."

8. 친구에게 '결혼하자, 뽀뽀하자' 하는 경우

애정 표현의 자연스러운 연장이지만, 동의의 원칙을 가르칠 수 있는 기회입니다.
> → "좋아하는 마음은 괜찮아. 하지만 친구가 싫다 하면 하지 않는 게 중요해."

9. 친구 몸을 놀리는 경우 ("너 가슴 나왔어")

신체 놀림은 큰 상처를 남길 수 있으므로 존중 언어로 바꾸도록 지도합니다.
> → "몸을 놀리면 안 돼. 우리 몸은 다 소중하니까 존중하는 말만 하자."

10. 인터넷·유튜브에서 성적인 영상을 본 경우

혼내기보다 사실과 허구를 구분할 수 있도록 차분히 알려줘야 합니다.
> → "그건 진짜가 아니야. 헷갈리면 언제든 엄마 아빠한테 물어봐."

(부록)

03
영유아 부모 질문 30 체크리스트

영유아 부모를 위한 쫄지마 성교육

✅ 부모 마음 점검

- [ ] 아이가 성 관련 질문을 할 때 나는 어떤 표정을 짓는가?
- [ ] 모르면 "모른다"고 말하고 함께 찾아볼 준비가 되어 있는가?
- [ ] 아이의 호기심을 부끄럽다고 막은 적은 없는가?
- [ ] 배우자와 성교육 가치가 다를 때 어떻게 조율할 수 있는가?
- [ ] 아이가 공공장소에서 성 질문을 해도 차분히 반응할 수 있는가?

✅ 우리 집 기본 규칙

- [ ] 집안에서 전라/속옷 규칙을 아이가 이해할 만큼 설명할 수 있는가?
- [ ] "만져도 돼?", "싫어", "멈춰" 같은 경계 언어를 알려주었는가?
- [ ] 친척의 포옹 · 뽀뽀도 아이 선택임을 존중하고 있는가?
- [ ] 목욕 · 환복 · 진료 시 아이의 동의를 묻는 습관이 있는가?
- [ ] 비밀과 서프라이즈의 차이를 아이가 구분하도록 알려주었는가?

✅ 몸 긍정과 언어

- [ ] 음경/음순 등 정확한 명칭을 자연스럽게 쓰고 있는가?
- [ ] 자위를 '나쁨'이 아니라 '장소·상황의 구분'으로 설명했는가?
- [ ] 몸에 대한 놀림·비교를 멈추도록 지도했는가?
- [ ] 아이에게 "네 몸은 네 것"이라고 자주 확인해 주고 있는가?
- [ ] 외모나 몸에 대한 평가 대신 긍정적인 언어를 쓰고 있는가?

✅ 생활 장면별 대화

- [ ] 공공장소에서 성 질문이 나와도 "집에서 더 이야기하자"로 연결할 수 있는가?
- [ ] 아이들끼리 엄마·아빠 놀이가 시작되면 강제성 여부를 확인하는가?
- [ ] 친구 몸을 만졌을 때 "물어보고, 싫다 하면 멈춘다"를 가르쳤는가?
- [ ] 젖가슴·생리·임신에 대해 짧고 명확하게 설명할 준비가 되어 있는가?
- [ ] 아이가 불편했던 경험을 말했을 때 "네 잘못이 아니야"라고 먼저 말할 수 있는가?

✅ 디지털 환경

- ☐ 유튜브 · 게임 중 이상한 장면이 나오면 부모에게 말하라고 약속했는가?
- ☐ 아이의 전라 사진을 온라인에 올리지 않는가?
- ☐ "영상은 진짜처럼 보여도 연출일 수 있다"는 걸 알려 주었는가?
- ☐ 채팅에서 불편한 말을 들으면 바로 말하고 나올 수 있게 가르쳤는가?
- ☐ 필터링이 뚫렸을 때 아이에게 건넬 문장을 준비했는가?

✅ 연결과 성장

- ☐ 오늘 작은 대화가 사춘기의 큰 다리'라는 믿음을 갖고 있나?
- ☐ 아이 성장 단계마다 성교육도 함께 업데이트할 준비가 되어 있는가?
- ☐ 학교 · 기관과 협력 시 처벌보다 회복 · 교육을 우선한다는 관점을 갖고 있는가?
- ☐ 내 경험담을 아이 수준에 맞게 이야기로 전할 용기가 있는가?
- ☐ 성교육의 핵심은 정보보다 관계임을 태도로 보여주고 있는가?

부록

04
부모와 함께 하는 성교육 놀이

1) 손끝 탐험 퍼즐 (영아기 0-2세)

항목	내용
연령	0-2세
준비물	폼매트 또는 두툼 판지, 벨벳·거즈·니트·스폰지 등 촉감 소재 6종, 안전테이프, 물티슈
소요시간	8-12분
장소	거실 바닥 (부모 무릎 옆)
단계별 실행	① 촉감판 배치 (1분) ② 부모가 각 촉감 천을 손끝으로 가볍게 만져 시범 (1분) ③ 아기 손을 촉감에 대게 함 - 부모는 말로 설명 "차가워/부드러워"(3-5분) ④ 아기의 표정·몸짓 관찰, 불편 시 즉시 멈춤 (남은 시간).
안전·준비	천 끝·테이프가 떨어지지 않도록 고정. 작은 부품 금지.
부모 문장 예시	"여기 부드러워. 네 손으로도 만져볼까? 싫으면 흔들어줘."
성교육적 의미 (발생 순간)	아기가 '싫음/불편' 반응을 보이고 부모가 즉시 멈출 때 — 경계 존중의 첫 학습.
교육 목표/ 체크포인트	아기가 선호·거부 반응 보이는지, 부모가 즉시 멈추는지.
변형	(생후 18-24개월) 아이가 직접 촉감 말하게 유도 : "어떤 느낌?"

2) 엄마 배 위에 별 그리기 (영아기 0-2세)

항목	내용
연령	0-2세
준비물	깨끗한 손, 무독성 물감(선택), 부드러운 천
소요시간	5분
장소	소파나 침대(편안한 자세)
단계별 실행	① 엄마 편히 누움(30초) ② 부모가 손끝으로 가볍게 배 위에 별 모양 그려주기 (1-2분) ③ 표정·소리로 교감(1-2분) ④ 아기 불편 시 즉시 멈추고 안아주기.
안전·준비	물감 사용 시 피부 반응 체크
부모 문장 예시	"여기 별이 반짝반짝이네. 어디 있나 찾아볼까? 불편하면 말해줘."
성교육적 의미 (발생 순간)	접촉 도중 아기의 불편 신호에 부모가 멈추고 확인할 때 — 자율성 존중 학습.
교육 목표/ 체크포인트	접촉에 대한 긍정 연상 형성, 부모의 민감 반응..
변형	(걷기 시작 후) 아기가 부모 배 위에 손 얹게 하고 반응보기.

3) 리듬 손뼉 합주 (영아기 0-2세)

항목	내용
연령	0-2세
준비물	없음 (리듬 음원 선택 가능)
소요시간	5-8분
장소	거실 바닥
단계별 실행	① 부모가 간단한 박자(예: 짝-짝-쉼) 시범(30초). ② 아기 손을 잡고 함께 박수 (1-3분). ③ 박자·세기 변화 전에 "큰소리"/"작은소리"로 신호주기 (나머지 시간) ④ 놀이 후 "오늘 우리가 맞춘 박자 잘했네"로 마무리
안전·준비	아기 손잡을 때 과도한 압력 금지.
부모 문장 예시	"이건 빠른 박자야! 천천히 하고 싶어?"
성교육적 의미 (발생 순간)	박자·강도 바꿀 때 미리 알리고 반응을 보는 순간 — 경계 예고 및 신호 수용 학습.
교육 목표/ 체크포인트	아기의 반응 따라 강도 조절 여부, 부모의 예고 관찰.
변형	(12-24개월) 간단 악기(방울) 추가해 '손을 빌려도 될까?' 연습.

4) 풍선 부풀기 시선놀이 (영아기 0-2세)

항목	내용
연령	0-2세
준비물	소형 풍선(튜브형 피함), 펌프, 매트
소요시간	5-7분
장소	안전한 바닥
단계별 실행	① 펌프 사용 시 부모가 시범으로 천천히 부풀림(1분). ② 아기 시선 유도해 풍선 커짐·작아짐 관찰(2분). ③ 천천히 풍선을 아기 가까이 가져와 살짝 닿게 해 반응 보기 (2-3분). ④ 불안 반응 시 즉시 멈추고 놀잇감 교체.
안전·준비	풍선 터짐 위험 대비, 파편 즉시 제거.
부모 문장 예시	"풍선이 가까워지면 어떨까? 괜찮으면 손 흔들어줘."
성교육적 의미 (발생 순간)	풍선이 내 개인공간에 들어올 때 아이가 반응하는 순간 — 개인 공간 인지 형성.
교육 목표/ 체크포인트	아이가 거리감 표현(뒤로 물러나기 등) 하는지, 부모의 즉시 조절 여부
변형	(18-24개월) 아이에게 "넌 풍선을 만져볼래?" 물어보기.

4) 풍선 부풀기 시선놀이 (영아기 0-2세)

항목	내용
연령	0-2세
준비물	안전 거울
소요시간	6-8분
장소	밝은 공간
단계별 실행	① 부모와 아기 거울 앞에 섬 (1분). ② 부모가 표정 바꿔 시범(웃음·찡그림) (1-2분). ③ 아기가 자기 얼굴·신체를 가리키도록 유도 (2-3분). ④ "이건 누구?" 질문으로 자기인지 확인.
안전·준비	거울 고정 상태 확인.
부모 문장 예시	"거울 속 친구도 웃네. 네 코는 어디야?"
성교육적 의미 (발생 순간)	아기가 자기 신체를 가리키거나 "엄마"와 구분하는 순간 — 자아 인식의 첫 단계.
교육 목표/ 체크포인트	자기 지칭 행동(손가락 가리키기) 관찰.
변형	(2세 전후) 부모가 간단한 신체 명칭(코, 입) 말해주기.

6) 옷 보물지도 만들기 (유아 전기 3-4세)

항목	내용
연령	3-4세
준비물	큰 종이(롤 가능), 색연필, 스티커(별·하트), 마스킹테이프
소요시간	15-20분
장소	식탁 또는 바닥
단계별 실행	① 아이 실루엣을 함께 그리기 (부모가 큰 윤곽 먼저, 아이가 간단 색칠) — 5분. ② "속옷으로 가리는 곳은 보물" 간단 설명 (1분). ③ 아이가 스티커로 보물 표시(5분). ④ 보물에 대해 이야기하기("여기는 왜 보물일까?") 및 "만지려면 물어야 해" 문장 모델링(4-6분).
안전·준비	아이가 부끄러워하면 강요하지 않기.
부모 문장 예시	"이 부분은 속옷으로 가려서 특별해. 만지고 싶을 땐 '해도 돼?'라고 물어보자."
성교육적 의미 (발생 순간)	스티커로 '보물'을 표시할 때 — 신체 일부에 대한 소유감과 보호영역 인식이 생긴다. 또한 부모가 '만져도 돼?'를 시범할 때 동의 모델링 발생.
교육 목표/ 체크포인트	아이가 '이건 내 거야' 표현하는지, '만져도 돼?' 문장 따라 하는지.
변형	(4세) 아이가 직접 실루엣 그리기 권장.

7) 감정 민속 인형극 (유아 전기 3-4세)

항목	내용
연령	3-4세
준비물	양말 인형 2개, 간단 소품(모자·목도리)
소요시간	10-15분
장소	탁자 위 또는 바닥
단계별 실행	① 인형 소개: 각 인형 이름 정하기 (1분). ② 부모 인형이 간단 감정 대사 시범(기쁨/화남/슬픔) (2분). ③ 아이 인형으로 같은 감정 연기 유도 (4-6분). ④ '싫어요' 장면 연습: 인형이 다른 인형의 몸을 만진다 → 피해 인형이 '싫어요' 말하도록 연습(2-3분). ⑤ 놀이 마치며 부모가 현실 상황 연결 짧은 대화 (1-2분).
안전·준비	언어는 부드럽게, 과도한 세부 묘사 금지.
부모 문장 예시	"만약 인형이 갑자기 머리를 잡으면, 인형이 '싫어요' 하면 어떻게 해줄까?"
성교육적 의미 (발생 순간)	'싫어요' 장면을 직접 말로 표현하는 순간 — 언어적 경계훈련이 일어남.
교육 목표/ 체크포인트	아이가 '싫어요' 표현을 자연스럽게 해보는지, 부모가 이를 진지하게 받아주는지.
변형	(4세) 아이가 직접 시나리오 제안하게 하기.

8) 숫자 던지기 탁! 게임 (유아 전기 3-4세)

항목	내용
연령	3-4세
준비물	부드러운 공 3-5개, 숫자 스티커, 바구니, 색 테이프
소요시간	8-12분
장소	거실 (충분한 공간)
단계별 실행	① 숫자 스티커로 공 번호 붙이기 ② "이번엔 숫자 3개만 던지고 멈추기"처럼 약속된 수를 정한다. ③ 부모가 숫자 외치기 → 아이가 해당 숫자 공을 바구니에 던진다. ④ 공을 모두 던진 뒤 "이제 멈출 차례야."라고 안내한다.
안전·준비	가구 충돌 방지, 미끄럼 주의(매트 활용), 공은 직경 10-12cm의 부드러운 고무품 소재 추천
부모 문장 예시	"이번엔 딱 3개만 던지기로 약속했지? 그럼 시작!" "엄마도 하나 더 하고 싶지만, 멈추기로 했으니까 참아야지~" "멈출 줄 아는 사람, 멋있지! 너 진짜 멋진데?"
성교육적 의미 (발생 순간)	더 하고싶은 마음을 말로 표현하고도 스스로 멈추는 경험을 통해, 자기조절력과 자기결정감이 자란다.
교육 목표/ 체크포인트	정한 규칙에 동의하고 끝까지 지켜보는 경험 —"멈출 수 있는 나"를 경험하며 경계감각을 형성한다. 또한 부모와 약속을 정하고 지키면서 만족감을 느끼는 구조를 자연스럽게 학습한다.
변형	3세: 숫자 대신 색깔 공을 사용 4세: 거리 늘리기, 감정카드 연계 확장 가능

9) 인형의 선택 놀이 (유아 전기 3-4세)

항목	내용
연령	3-4세
준비물	인형 1-2개, 작은 장난감
소요시간	10-15분
장소	바닥 또는 탁자
단계별 실행	① 인형 소개 및 역할 부여 (1분). ② 부모 인형이 다른 인형에게 다가가 "만져도 될까?" 묻는 장면 연기 (2분). ③ 아이가 인형의 대답 담당 — "괜찮아요/싫어요" 선택 (2-4분). ④ 부모는 아이의 대답을 즉시 존중(만짐 멈춤 또는 허용) → 역할 바꿔 아이가 묻는 연습 (전체 4-6분).
안전·준비	아이가 부끄러워하면 강요 금지.
부모 문장 예시	"인형이 친구 손을 잡고 싶대. 너라면 허락할래? 안 허락할래?"
성교육적 의미 (발생 순간)	"만져도 돼?"라는 질문과 아이의 '싫어요' 답변을 부모가 즉시 존중하는 순간 — 동의와 존중이 실전으로 체득된다.
교육 목표/ 체크포인트	아이가 동의여부를 말로 표현하는지, 부모가 질문 대신 강요하지 않는지.
변형	(4세) 아이가 직접 상황을 만들어 묻게 하기.

10) 멜로디 주머니 통통 (유아 전기 3-4세)

항목	내용
연령	3-4세
준비물	천 주머니·벨·콩·쌀(충전재)·테이프
소요시간	8-10분
장소	거실
단계별 실행	① 주머니 만들기(부모 사전 준비 권장) (1분 설명). ② 부모가 주머니 흔들어 소리 들려주기 (1-2분). ③ 부모가 주머니 건네기 전 "만져도 돼?" 물어보기 시범 (각 교환 1분씩 총 4-6분). ④ 아이가 '네/아니오' 답하는 연습.
안전·준비	작은 부속물 삼킴 주의, 주머니 단단히 봉합.
부모 문장 예시	"이건 네 주머니야. 엄마 먼저 흔들어볼까? 네가 만져도 돼?"
성교육적 의미 (발생 순간)	주머니 건네기 전에 허락을 구하는 순간 — 만지기 전 동의 습관 형성.
교육 목표/ 체크포인트	아이가 허락 구하는 문장 모방, 부모의 응답 존중 확인.
변형	(3세) '만져도 돼' 대신 '같이 해볼래?' 등 부드러운 표현 사용.

11) 미니 연극 만들기 (유아 후기 5-6세)

항목	내용
연령	5-6세
준비물	박스·천·간단 소품·타이머·대본 메모지
소요시간	20-30분(준비 포함)
장소	작은 공연 공간(거실 등)
단계별 실행	① 주제 선정(거절/도움) 및 짧은 줄거리 만들기 (5-8분). ② 역할 분담·간단 리허설 (5-8분). ③ 1분 연기(각자) → 가족 앞 공연 (3-5분). ④ 공연 후 토크: "그 장면에서 무슨 생각했어?" (4-6분).
안전·준비	민감한 내용은 연령에 맞게 순화.
부모 문장 예시	"그 장면에서 누가 불편했는지 말해볼까? 너라면 실제로 어떻게 할래?"
성교육적 의미 (발생 순간)	연기 중 '거절' 장면을 실제로 말하고 표정으로 표현하는 순간 — 자기표현 훈련. 토크에서 현실적 대처법 연결 시 의미 강화.
교육 목표/ 체크포인트	아이가 연기 후 현실 행동으로 옮길 수 있는지(대책 제시), 부모의 수용적 피드백 여부.
변형	(5세) 부모가 일부 대사 제공해 아이가 이어 말하게 하기.

12) 감정 스피너 보드 (유아 후기 5-6세)

항목	내용
연령	5-6세
준비물	종이 원판(감정 단어), 스피너 또는 화살표, 색연필
소요시간	10-15분
장소	식탁
단계별 실행	① 감정 단어 설명 (1분). ② 아이가 스피너 돌리기 (각 회 30초~1분). ③ 나온 감정에 대해 부모가 구체 질문 ("언제 이런 느낌이 났어?") (5-8분). ④ 감정과 신체 반응 연결 : "몸이 어디가 아팠어/뜨거웠어?" 대화 (나머지 시간).
안전·준비	민감한 기억 나오면 강요하지 않기.
부모 문장 예시	"네가 불편했을 때 몸이 어땠어? 어디가 뜨거웠어?"
성교육적 의미 (발생 순간)	감정에 따른 신체감(가슴 답답함·땀 등)을 아이가 말로 표현하는 순간 — 불편함을 신체 신호로 인식.
교육 목표/ 체크포인트	아이가 신체감으로 불편함 설명하는지, 부모가 공감하며 해결 제안하는지.
변형	(6세) 감정 대응 카드(호흡·말하기·도움요청) 함께 연습.

13) 숨은 단어 보물찾기 (유아 후기 5-6세)

항목	내용
연령	5-6세
준비물	단어카드(사랑·존중·안전 등), 스티커, 작은 상자
소요시간	15-20분
장소	집 안 곳곳
단계별 실행	① 단어카드 숨기기(부모가 예시 3장 숨김) (2분). ② 아이 단서 주며 찾기 (10-12분). ③ 찾은 단어로 가족 약속 1개 만들기 (3-5분). ④ 당일 실천 약속(예: "손잡기 전에 물어보기") 붙여두기.
안전·준비	카드 숨길 곳 안전 확인(기기 뒤 등 금지).
부모 문장 예시	"'존중' 찾았네. 오늘은 꼭 친구에게 물어보기 전엔 만지지 않기로 약속할까?"
성교육적 의미 (발생 순간)	단어로 약속 만들고 즉시 행동(예: 물어보기)로 연결하는 순간 — 언어가 경계 설정 도구임을 체득.
교육 목표/ 체크포인트	아이가 약속 하나 제안했는지, 약속 당일 실천 여부 점검.
변형	(5세) 찾은 단어로 짧은 역할극 만들기.

14) 리듬 악기 만들기 (유아 후기 5-6세)

항목	내용
연령	5-6세
준비물	빈 페트병·쌀/콩·고무줄·종이컵·스티커·테이프·안전가위
소요시간	제작 15분 / 연주 10분
장소	식탁·매트
단계별 실행	① 안전 설명 및 역할 분담(부모: 도구, 아이: 꾸미기·충전) (2분). ② 아이가 충전재 넣기(부모가 뚜껑 닫기) (5-7분). ③ 꾸미기(스티커) — 3분. ④ 규칙 합의: 차례·볼륨·만지기 전 허락 (2-3분). ⑤ 번갈아 연주하며 "만져도 돼?" 연습 (10분).
안전·준비	작은 부품 삼킴 주의, 뚜껑 단단히 고정.
부모 문장 예시	"이건 네 악기야. 내가 만져도 돼? 네가 원치 않으면 안 만질게."
성교육적 의미 (발생 순간)	규칙 합의와 '만져도 돼?' 문장 사용 순간 — 소유·동의·경계 합의가 연결된다.
교육 목표/ 체크포인트	아이가 소유감 표현하는지, '안 돼'에 대한 부모의 즉시 존중 여부.
변형	(6세) 규칙을 종이에 적어 서로 서명해보기.

15) 리빙 룸 캠핑 (유아 후기 5-6세)

항목	내용
연령	5-6세
준비물	이불·베개·손전등·간식·약속 카드·펜
소요시간	20-30분
장소	식탁·매트
단계별 실행	① 텐트 만들기(부모·아이 함께) (5분). ② 손전등 아래 '오늘 이야기' 나누기 (10-12분). ③ 사적 공간 약속 카드 작성 : 입장 전 허락 구하기 규칙 만들기 (5-7분). ④ 카드 붙여두고 사진 촬영해 눈에 보이게 함 (나머지 시간).
안전·준비	통로 막힘·환기 주의.
부모 문장 예시	"엄마가 텐트에 들어가도 돼? 네가 '들어와도 돼'라고 말하면 들어갈게."
성교육적 의미 (발생 순간)	약속 카드 작성 및 입장 전 허락 문장 사용 순간 — 사적 공간 권리 학습.
교육 목표/ 체크포인트	아이가 자신의 공간에 대해 말하는지, 가족이 약속을 지키는지.
변형	(6세) 주간 '사적 공간' 체크리스트 만들어 관리.

(부록)

05
초등 입학 전 성교육 체크리스트

영유아 부모를 위한 쫄지마 성교육

왜 '초등 진입 전 성교육 점검'이 필요할까?

초등학교 입학은 단지 학습의 시작이 아니라 관계의 확장, 사회생활의 시작, 독립의 출발점이다. 이 시기에 아이가 자기 몸에 대해 긍정적인 인식을 가지고, 불편한 상황에서 "싫어요"라고 말할 줄 아는지, 그리고 부모와 성에 대해 이야기할 수 있는 분위기가 형성돼 있는지가 무척 중요한 기준이 된다. 그럼 지금, 우리 아이는 어디까지 준비되어 있을까?

✅ 초등 입학 전 성교육 체크리스트 [부모용]

※ 몇 개나 해당되시나요?

> 4개 이상 해당되면 '잘하고 있는 중'입니다.
> 나머지는 '지금부터 천천히 함께 해볼 부분'이에요.

☐ 몸의 모든 부위를 정확한 이름으로 말할 수 있다.
- 음경, 음순, 가슴 등 생식기 명칭을 알고 있다.
- "거기" 대신 정확한 신체 명칭을 자연스럽게 사용한다.

💡 정확한 용어를 알고 있다는 건, 내 몸을 내 몸답게 인식하고 있다는 뜻이다.

☐ 자기 몸에 대한 결정권을 알고 있다.

- 누가 안아주려 할 때 거절할 수 있다.
- 만지려는 상황에서 "싫어요", "하지 마세요"라고 말할 수 있다.
- '거절해도 되는 상황'을 경험으로 배운 적이 있다.

💡 내 몸을 지키는 힘은 "안 돼요"를 말할 수 있는 용기에서 시작된다.

☐ 다른 사람의 몸도 존중할 줄 안다.

- 친구 몸을 장난으로 만지지 않는다.
- "싫어"라는 말을 들으면 멈춘다.
- 친구의 몸을 웃음거리로 삼지 않는다.

💡 성교육은 내 몸뿐 아니라, 상대의 경계를 존중하는 관계 교육이다.

☐ 불편하거나 이상한 상황에서 표현할 수 있다.

- "불편해요", "싫어요", "이상했어요" 등 감정 기반의 언어를 사용할 수 있다.
- 어른에게 불쾌했던 경험을 말한 적이 있다.
- 감정 표현을 일상에서 자주 해본다.

💡 말할 수 있는 아이가 결국, 지킬 수 있는 아이다.

☐ 사진·영상 찍기와 관련한 기본 규칙을 알고 있다.

- 사진을 찍기 전에는 허락이 필요하다는 걸 안다.
- 찍히기 싫을 때 거절할 수 있다.
- 친구나 자신의 사진을 무단으로 공유하면 안 된다는 개념이 있다.

💡 디지털 시대 성교육의 첫걸음은 '사진 리터러시'다.

☐ 사람은 모두 다르고, 각자의 모습이 자연스럽다는 걸 안다.
- 성별이 아닌 사람마다 다른 성격과 감정을 인정할 수 있다.
- 다양한 가족, 다양한 역할에 열린 태도를 가진다.
- "남자는~ 여자는~"이라는 고정된 말에 의문을 품는다.

💡 성교육은 다양성을 받아들이는 감각에서 자란다.

☐ 성에 대한 궁금함을 안전하게 표현할 수 있는 분위기다.
- 성, 몸, 차이에 대해 질문했을 때 부모가 당황하지 않고 들어준다
- 성적인 내용을 숨기거나 눈치 보지 않고 말할 수 있다
- 성 관련 대화를 나눌 수 있는 '안전한 어른(부모, 교사)'이 있다.

💡 질문할 수 있는 환경이 곧, 아이의 보호막이다.

✔ 점검 후 부모가 할 수 있는 3가지 작은 실천

1. 정확한 단어를 함께 연습하기
   - "거기" → '음경, 음순'으로 바꾸는 것부터 시작!

2. 아이의 거절에 반응 연습하기
   - "싫어요"라고 했을 때, "잘했어. 그건 중요한 표현이야."라고 말해주기.

3. 일상 대화 속에서 성 이야기 섞기
   - 욕실, 그림책, 가족 대화 속에서 자연스럽게
     '몸, 감정, 경계'에 대해 말해보자.

성교육은 성 지식을 많이 가르치는 게 아니다. 아이의 마음속에 "나는 나를 지켜도 되는 사람이야"라는 감각을 심어 주는 것이다. 오늘도 아이와 함께 "내 몸은 소중해"라는 말을 마음속에 한 번 더 새길 수 있다면, 그게 바로 성교육의 가장 큰 진전이다.

성교육 핵심 역량	관련 체크 항목	의미
자기 인식 & 자기 결정	• 정확한 명칭 사용 • 자기 몸의 결정권 • 감정 표현	"내 몸은 내 거야"를 느끼고 표현할 수 있는 능력
상호 존중 & 관계 감수성	• 타인의 몸 존중 • 다양성 수용	관계 속에서 경계 지키고, 다름을 받아들이는 태도
위험 감지 & 안전 소통	• 사진·영상 리터러시 • 질문할 수 있는 분위기	디지털과 일상 속 위험으로부터 자신을 보호할 수 있는 감각

초판1쇄 인쇄 2025년 11월 3일
초판1쇄 발행 2025년 11월 12일

지은이 윤경애
펴낸곳 물들다
편집인 윤상필
기 획 허재성
디자인 이다해

주   소 서울특별시 송파구 충민로66 테크노관9층 9123호
대표번호 02-6083-9266
팩   스 02-6499-0428
이 메 일 sangpily@naver.com

ISBN 979-11-992731-2-2

ⓒ 윤경애 2025

* 이 책에 실린 모든 내용은 저작권법에 따라 보호를 받는
  저작물이므로 무단 전체와 무단 복제를 금합니다.

* 이 책 내용의 전부 또는 일부를 사용하려면 반드시
  출판사의 동의를 받아야합니다.